L'HOMME ROUGE

PAR

ERNEST CAPENDU

auteur de

Marcof le Malouin, Mademoiselle la Ruine, le Pré Catelan, etc., etc.

IV

PARIS
L. DE POTTER, LIBRAIRE-ÉDITEUR
RUE FONTAINE MOLIÈRE, 27.

L'HOMME ROUGE

NOUVEAUTÉS EN LECTURE
DANS TOUS LES CABINETS LITTÉRAIRES.

L'Homme rouge, par Ernest Capendu, 5 vol. in-8.
L'Ame et l'ombre d'un Navire, par G. de La Landelle, 5 v. in-8.
Le Serment des quatre valets, roman historique, par le vicomte Ponson du Terrail. 7 vol. in-8.
Le Nain du Diable, par la comtesse Dash. 4 vol. in-8.
Le Ménage Lambert, par A. de Gondrecourt. 2 vol. in-8.
Fleurette la Bouquetière, par Eugène Scribe. 6 vol. in-8.
Le Parc aux Biches, par Xavier de Montépin. 6 vol. in-8.
La Maîtresse du Proscrit, par Emmanuel Gonzalès. 4 vol. in-8.
Les Étudiants de Heidelberg, histoire du siècle de Louis XIV, par le vicomte Ponson du Terrail. 7 vol. in-8.
Les Mystères de la Conscience, par Étienne Enault. 4 vol. in-8.
Les Gandins, par le vicomte Ponson du Terrail. 6 v. in-8.
L'Homme des Bois, par Élie Berthet. 6 vol. in-8.
Les trois Fiancées, par Emmanuel Gonzalès. 3 vol. in-8.
Les Marionnettes du Diable, par X. de Montépin, 6 vol. in-8.
Le Diamant du Commandeur, par Ponson du Terrail. 4 vol.
Le Douanier de mer, par Élie Berthet, 5 vol. in-8.
Mlle Colombe Rigolboche, par Maximilien Perrin. 4 vol. in-8.
Morte et Vivante, par Henry de Kock. 3 vol. in-8.
Daniel le laboureur, par Clémence Robert. 4 vol. in-8.
Les grands danseurs du roi, par Ch. Rabou. 3 vol. in-8.
Le Pays des Amours, par Maximilien Perrin. 3 vol. in-8.
La jeunesse du roi Henri, par Ponson du Terrail. 6 vol. in-8.
L'Amour au bivouac, par A. de Gondrecourt. 5 vol. in-8.
Les Princes de Maquenoise, par H. de Saint-Georges, 6 v. in-8.
Le Cordonnier de la rue de la Lune, par Théod. Anne. 4 v. in-8.
La Belle aux yeux d'or, par la comtesse Dash, 3 vol. in-8.
La Revanche de Baccarat, par Ponson du Terrail, 6 vol. in-8.
Le Roi des gueux, par Paul Féval, 6 vol. in-8.
Une Femme à trois visages, par Ch. Paul de Kock, 6 vol. in-8.
Une Existence Parisienne, par Mme de Bawr, 3 vol. in-8.
Les Yeux de ma tante, par Eugène Scribe. 6 vol. in-8.
Les Exploits de Rocambole, par Ponson du Terrail. 8 vol. in-8.
Le Bonhomme Nock, par A. de Gondrecourt. 6 vol. in-8.
Le Vagabond, par E. Enault et L. Judicis. 4 vol. in-8.
Les Ruines de Paris, par Charles Monselet. 4 vol. in-8.
Les Viveurs de Province, par Xavier de Montépin. 6 vol. in-8.
Les Coureurs d'Amourettes, par Maximilien Perrin. 3 vol. in-8.
La dame au gant noir, par Ponson du Terrail. 8 vol. in-8.
Les Émigrants, par Elie Berthet, 5 vol. in-8.
Les Cheveux de la reine, par madame la comtesse Dash 3 vol. in-8.
La Rose Blanche, par Auguste Maquet, 3 vol. in-8.
La Maison Rose, par Xavier de Montépin, 6 vol. in-8.
Le club des Valets de Cœur, par Ponson du Terrail, 8 vol. in-8.
Monsieur Cherami, par Ch. Paul de Kock, 5 vol. in-8.
L'Envers et l'Endroit, par Auguste Maquet. 4 vol. in-8.
Le Prix du sang, par A. de Gondrecourt. 5 vol. in-8.
Nena-Sahib, par Clémence Robert. 3 vol. in-8.
La Reine de Paris, par Théodore Anne. 3 vol. in-8.
Un ami de ma femme, par Maximilien Perrin. 3 vol. in-8.
La Maison Mystérieuse, par mad. la comtesse Dash, 4 vol. in-8.
Pour la suite des Nouveautés, demander le Catalogue général qui se distribue gratis.

Paris. — Imprimerie de P.-C. Bourdier et Cie, rue Mazarine, 30.

L'HOMME ROUGE

PAR
ERNEST CAPENDU

auteur de

Marcof le Malouin, Mademoiselle la Ruine, le Pré Catelan, etc., etc.

IV

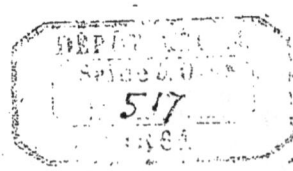

PARIS

L. DE POTTER, LIBRAIRE-ÉDITEUR

RUE FONTAINE MOLIÈRE, 27

Droits de traduction et de reproduction réservés.

1861

LES
PRINCES DE MAQUENOISE

PAR

H. DE SAINT-GEORGES

auteur de l'*Espion du grand monde*, un *Mariage de prince*, et des œuvres dramatiques suivantes : les *Mousquetaires de la Reine*, le *Val d'Andorre*, la *Reine de Chypre*, la *Fille du régiment*, etc., etc.

Les *Princes de Maquenoise* ont produit une grande impression à leur apparition.

Cette impression est due non-seulement au mérite de ce livre et au nom de l'auteur, mais à ce qu'on y retrouve les brillantes qualités des meilleures productions de M. de Balzac.

Originalité puissante du sujet, observation merveilleuse du cœur humain et de la vie sociale, de la vie de Paris, surtout ; cette tendre et religieuse philosophie de l'âme qui touche parfois aux idées les plus élevées, et explique la popularité si générale, si européenne des romans de Balzac, voilà ce qui existe à un degré très-éminent dans les *Princes de Maquenoise*.

Quant à la partie théâtrale et saisissante du drame, on peut s'en rapporter à M. de Saint-Georges, l'auteur de tant d'ouvrages dramatiques qui depuis quinze années font la fortune de tous les théâtres de notre capitale et des pays étrangers.

Un auteur d'une grande valeur, Mme Ch..... R......, disait en achevant un livre de M. de Saint-Georges : Quand on termine un de ses chapitres on croit toujours voir baisser la toile.

C'est à la fois un grand éloge et une vérité.

LES
MYSTÈRES DE LA CONSCIENCE

PAR

ÉTIENNE ÉNAULT

La conscience est assurément le plus étrange et le plus terrible attribut de l'âme humaine. Le roman et le théâtre l'ont déjà étudiée en ses diverses manifestations. Mais, nous osons le dire, jamais ses mystères n'ont été aussi savamment approfondis que dans l'œuvre dont nous signalons ici la publication.

Presque toutes les fois qu'on a dramatisé le remords, on a mis en scène des assassins n'inspirant que terreur ou dégoût et fatalement marqués pour l'échafaud. Tôt ou tard la loi intervient, les coupables sont punis, en sorte que la justice de Dieu, n'est, en réalité, que la justice des hommes. Conclusion salutaire mais incomplète. Dans LES MYSTÈRES DE LA CONSCIENCE, M. Étienne Énault a voulu dégager le principe divin de toute appréhension causée par le code criminel et donner ainsi au remords son caractère le plus saisissant et le plus moral. Il a fait de Maxime Tréhouart une sorte d'ange rebelle, dont le forfait n'est point irréparable, mais qui a résolu de dompter sa conscience. Dans une lutte acharnée le titan est vaincu, et son repentir amène sa rédemption. Ici, tout est indépendant de la vindicte sociale. Dieu seul est le justicier : ce qui prouve que rien n'échappe à sa loi souveraine, éternelle.

Autour du personnage principal, dessiné avec une vigueur peu commune, se groupent des types variés, odieux ou charmants, qui rappellent l'énergie de Balzac et la grâce de George Sand. Quant au style, nous croyons qu'aucun ouvrage dramatique n'est écrit avec plus de force, d'élégance et de pureté.

Paris. — Imprimerie de P.-A. BOURDIER et Cie, 30, rue Mazarine.

CHAPITRE PREMIER.

C.

1

La malade.

Ce geste, suivi de cette action, permit alors à la femme de contempler dans tout son ensemble la physionomie du commandant.

La malade poussa un cri rauque, tandis que son visage, blêmi par la souffrance, s'empourprait subitement, et que ses yeux, tout à l'heure ternes et sans regards, étincelaient ardemment dans l'ombre projetée par l'abat-jour de la lampe.

« Don Ramero y Puelès ! fit elle avec un accent mélangé de stupeur et de colère et en étendant le bras vers le visiteur. Don Ramero y Puelès, toi l'assassin de mon mari, toi le frère du bourreau de ma fille; quelle torture nouvelle viens-tu donc m'apporter à cette heure ? »

L'officier ne sourcilla pas en recevant cette rude apostrophe; se renversant sur son siége, il parut attendre froidement que la malade, épuisée par l'effort qu'elle venait de faire et par l'émotion à laquelle elle était évidemment en proie, s'arrêtât haletante et retombât sur sa couche.

« Eh quoi ! fit don Ramero avec l'imperturbable sang-froid et l'aisance d'un homme qui, recevant tout d'abord un mauvais accueil, sait parfaitement que cet accueil va promptement changer d'allure et devenir gracieux et bienveillant, eh quoi ! dona Sabina, ma respectable amie, est-ce ainsi que vous recevez, après une longue séparation, un homme qui jadis fut heureux de s'attacher au char de votre beauté, vous qui, jadis aussi, vous montrée fière de sa conquête ? »

La malade ne répondit pas. Devenue

plus pâle encore qu'elle n'était avant l'entrée du commandant, elle restait immobile et sans voix sur le lit près duquel se tenait don Ramero.

Celui-ci se pencha sur son siége et approcha son visage de la figure blême de la pauvre femme.

« Oh ! oh ! reprit-il en souriant, m'aimeriez-vous encore à ce point, senora, que ma présence inattendue vous fît tomber en pamoison subite ? *Demonio* ! quelle constance. »

Et comme la malade ne paraissait pas avoir entendu :

« Sabina ! continua Ramero en lui saisissant la main, fussiez-vous morte à cette heure, je connais une phrase capable de vous faire lever dans votre tombe, si bas que cette phrase fût prononcée à vos oreilles. Avez-vous donc oublié Saragosse et la nuit du 16 février 1809, cette nuit terrible où les Français pénétrèrent dans l'église du couvent de San-Francesco? »

Dona Sabina poussa un sourd gémissement. Ses doigts se contractèrent, et, se cramponnant au bras de son interlocuteur, elle se redressa de nouveau.

» Don Urdova m'a pardonné! dit-elle. Un prêtre m'a donné l'absolution ! Serez-vous donc moins miséricordieux qu'un mari offensé, qu'un ministre du Dieu tout-puissant.

— Oh! vous qui fûtes l'âme de ma vie, chère Sabina, dit don Ramero en éclatant d'un rire ironique, pouvez-vous bien me parler comme vous le faites? Ne savez-vous plus que j'ai toujours eu en sainte horreur les grandes phrases et les mots pompeux? Et puis, qu'est-ce que cela me fait à moi que votre mari et votre confesseur vous aient pardonné? Ils n'avaient pas fait vœu de vengeance, ceux-là, et ce vœu, vous devez vous rappeler dans quelle circonstance je l'ai prononcé, moi?

— Vous osez parler de vengeance, vous! s'écria le malade, dont la surexcitation morale semblait ranimer peu à peu les forces. Mon Dieu! mon Dieu! ne vous êtes-vous pas assez vengé? Ma vie brisée, mon mari assassiné, ma fille torturée, et tout cela par vous, rien que par vous ! Que vous faut-il donc encore ?

— Presque rien, dit don Ramero. Je veux seulement avoir des nouvelles de cet enfant né neuf mois après cette nuit du 16 février 1809, dont je vous parlais tout à l'heure.

— Mon fils! s'écria la malade.

— Lui-même !

— Fernando ?

— Eh bien ! oui, Fernando ! Qu'est-il devenu ?

— Est-ce à vous à me le demander, don Ramero ? Votre frère ne s'est-il pas chargé de le perdre et n'a-t-il pas fait maudire le fils avant de devenir le bourreau de la fille ?

— Vous ne me répondez pas. Où est Fernando à l'heure où je vous parle.

— Mon Dieu ? le sais-je ?

— Quoi ! vous prétendez ignorer où est votre fils !

— Je l'ignore.

— Ne l'avez-vous donc pas revu depuis le jour où votre mari l'a chassé de son toit?

— Je ne l'ai pas revu.

— Allons donc ! vous mentez ! » s'écria don Ramero avec emportement.

Dona Sabina garda le silence.

Ramero se leva, fit plusieurs tours dans la chambre pour calmer, à l'aide d'un mouvement de locomotion rapide, l'irritation qui s'était subitement emparée de lui, et qu'il n'avait pu maîtriser, puis il revint auprès de la malade.

« Écoutez! fit-il brusquement en accentuant chacune de ses paroles comme s'il eût voulu qu'elles pénétrassent plus avant dans le cerveau de son interlocutrice, écoutez, dona Sabina. Vous ignorez encore comment je suis venu jusqu'à vous; je vais vous l'apprendre. Cela vous rappellera en même temps quel homme je suis et quelle conduite vous devez tenir vis-à-vis de moi.

Pour traverser ces montagnes envahies par les carlistes, pour arriver jusqu'à ce village, où je savais que vous habitiez, il m'a fallu employer tour à tour la ruse et l'audace, braver bien des dangers, m'exposer à bien des chances de perte. J'ai dû d'abord persuader à Valdès qu'Adrian était un repaire de révoltés qu'il fallait détruire à tout prix : j'ai dû me faire donner le commandement d'une expédition qui, jusqu'à mon retour, forçait un corps d'armée à devenir inactif à une époque où chaque heure de retard peut entraîner, pour le royaume, les plus fatales et les plus désastreuses conséquences.

Il m'a fallu trouver deux cents hommes qui me fussent absolument dévoués, traverser avec eux, en rampant, les avant-postes de Zumala-Carregui.

Pour cacher à tous les yeux le but de la mission que je m'étais donnée, il me faut cette nuit égorger tout ce village et jouer la vie de mes soldats et la mienne.

Je suis cruel, peut-être, vous l'avez dit souvent; mais je ne suis pas assez niais pour trouver du plaisir à tuer sans profit. Donc, vous comprenez que si j'ai accompli toutes ces choses, que si j'ai surmonté tous ces obstacles, que si enfin je vais, dans quelques minutes, faire massacrer toute une population sous un stupide prétexte politique, ce n'est pas pour venir me briser contre la volonté d'une chétive créature qui se bornera à opposer d'absurdes dénégations à mes demandes.

— Mon Dieu! s'écria la malade en joignant les mains. Ce que vous osez me dire serait-il vrai? Quoi! la mort est suspendue sur la tête de tous ceux qui m'entourent, de ces bonnes gens qui ne m'ont donné que des preuves de respect et d'affection?

— A cette heure, toutes les maisons

du village sont cernées par mes soldats, répondit froidement don Ramero, et ils n'attendent que mon signal pour tout mettre à feu et à sang.

— Et c'est pour venir me torturer encore que vous ne reculez pas devant l'accomplissement de cette action infâme ?

— Uniquement pour avoir le plaisir de causer quelques minutes avec vous...

— Oh ! don Ramero, fit la pauvre femme avec un geste indescriptible de dégoût et de mépris, oh ! don Ramero ! mon mari avait bien raison de dire que vous n'étiez qu'un lâche !

— Votre mari était un sot en disant cela, répondit le commandant en haussant dédaigneusement les épaules. Je me suis assez souvent et assez bien battu contre les ennemis de l'Espagne pour prouver suffisamment mon courage, et si j'ai refusé par trois fois de croiser le fer avec don Urdova, c'est qu'entre nous la partie n'était pas égale.

Il n'avait pas de vengeance à accomplir, lui. Or, Chère Sabina, j'ai pour principe que l'homme qui veut sérieusement se venger ne doit jamais exposer follement sa vie. Il ne s'appartient plus, il appartient au sentiment qui le domine, au vœu qu'il a formé. Il doit agir lentetement, prudemment, savoir attendre, suivre la piste de ceux qu'il veut frapper sans pitié ni merci. C'est ce que j'ai fait, voilà tout!

— Oh! fit doña Sabina avec une sublime expression de douleur, qu'il soit maudit le jour où je vous vis pour la première fois!

— Oui! qu'il soit maudit! répondit vivement don Ramero, car ce jour-là nous a été fatal à tous deux!

— Et pourtant, reprit la malade en se révoltant contre une pensée que ni elle ni le commandant n'avait formulée, mais qui se lisait dans leurs regards à tous deux; et pourtant, que vous ai-je fait, après tout, pour que vous poursuiviez avec un tel acharnement moi et ceux que j'aime ou que j'ai aimés?

— Ce que tu m'as fait, Sabina? dit Ramero d'une voix sourde, tandis que sa physionomie prenait une teinte olivâtre, attestant que le sang avait refoulé brusquement vers le cœur, ce que tu m'as fait? Quoi! ne te souviens-tu plus des serments que tu m'as prodigués et que tu as si lâchement trahis?

— Ces serments, c'est vous qui m'avez contrainte à les prononcer!

— Parce que je t'aimais !

— Et devais-je donc porter la faute de votre amour ?

— Il ne fallait pas me l'inspirer, cet amour que vous saviez bien ne pas partager. »

Dona Sabina courba la tête. Don Ramero reprit :

« Rappelle-toi le *Corpus* (1) de 1807.

---

(1) Le *Corpus* est le nom que les Espagnols donnent à la Fête-Dieu.

Tu avais dix-sept ans alors, et moi j'en avais vingt. Tu passais à juste titre pour la reine de beauté de la ville, comme je passais, moi, pour l'un des plus hardis cavaliers de Sarragosse. Je te vis à la procession.... je t'aimai et, à partir de ce moment, tu me trouvas sans cesse sur ta route. Pourquoi ne m'as-tu pas repoussé alors ?

— Parce que je n'étais qu'une enfant, don Ramero, répondit l'interlocutrice du commandant, parce que j'étais coquette, comme on l'est à cet âge ; parce que votre passion flattait mon orgueil de jeune fille. Oh! tout cela était autant de péchés, je ne l'ignore pas. Aussi l'ai-je cruellement expié depuis !

— Mais lorsque je te dis que je t'aimais, tu m'écoutas cependant !

— Savais-je alors ce que c'était que l'amour?

— Mais tu croyais m'aimer !

— C'est vous, Ramero, qui me l'aviez

persuadé. Lorsque je fus à même de lire clairement dans mon cœur, je compris vite que je ne vous aimais pas... que vous vous étiez trompé, que vous m'aviez trompée moi-même. Oh! continua dona Sabina avec une énergie nouvelle, ne cherchez pas aujourd'hui à excuser votre infâme conduite en en rejetant sur moi la cause. Vous m'aimiez, dites-vous! Pourquoi alors, dès cette époque, avoir voulu me perdre?

— Parce que je t'aimais follement,

Sabina. Parce que je craignais que ton amour ne m'échappât. Oui, j'ai essayé de t'enlever, de t'emporter avec moi loin de ta famille, loin de ta ville natale, mais tu as tort de me rappeler cette époque de ma jeunesse, car là encore il y a un souvenir de sang. »

Dona Sabina se voila la figure de ses deux mains jointes.

« Vous voulez parler du duel qui eut lieu entre votre père et le mien? fit-elle après quelques instants de silence.

— Oui, dit le commandant d'une voix sombre, ce duel dans lequel mon père succomba.

— Loyalement, don Ramero.

— Qu'importe ! Le sang avait coulé entre nos deux familles. Un meurtre avait été commis !

— Et qui l'avait provoqué, ce meurtre ? N'était-ce pas vous, senor Ramero ? La violence, dont vous n'avez pas rougi de vouloir user envers une pauvre jeune fille, dans laquelle vos discours et vos poursuites avaient jeté le trouble, n'a-t-elle pas amené seule cette funeste rencontre entre deux hommes qui s'estimaient ?

— Eh bien ! s'écria l'officier christino avec une expression d'énergie sauvage, eh bien ! juge si je t'aimais. Ton père avait tué le mien, et cependant si tu l'eusses voulu alors...»

Don Ramero n'acheva pas.

« Mais non, reprit-il après quelques secondes de silence durant lesquelles on n'entendit que la respiration pénible de la malade; mais non.... Ton père obtint du gouverneur un ordre qui me contraignit à m'éloigner, et lorsque l'invasion française, appelant tous les hommes sous les armes à la défense du pays, me permit de rentrer dans ma province, tu étais la femme de don Urdova.

— Auprès duquel vous avez essayé de me perdre en appelant la calomnie à votre aide! s'écria Sabina. Mais vous ne connaissiez pas don Urdova! C'était un cœur loyal, et lorsque forcée de me disculper, je lui racontai la vérité entière, il me releva et il me pardonna. D'ailleurs, qu'avais-je à me reprocher? N'étais-je point innocente de tout crime? Oui, je vous fis le serment de vous aimer toujours, mais ce serment, c'était vous qui m'aviez contraint à le faire, et si je l'ai violé, Dieu, je vous l'ai dit, m'a pardonné.

— Mais moi je ne te pardonne pas,

Sabina! Je t'aimais, il fallait m'aimer. Tu m'as rendu haine pour amour, tortures du cœur pour affection passionnée.... Tu as brisé ma vie en te donnant à un autre, mon père est mort pour toi, j'ai juré de me venger sur toi et sur ceux que tu aimais. Ce serment je l'ai tenu jusqu'ici et je l'accomplirai jusqu'à ce que j'aie atteint le but. Ton mari est mort, ta fille est aux mains de mon frère, tu souffres ici seule et abandonnée, maintenant il me faut ton fils! »

CHAPITRE DEUXIÈME.

II

La trahison.

En parlant ainsi, don Ramero, se levant brusquement, repoussa du pied la chaise sur laquelle il était assis, et se prit de nouveau à parcourir la chambre avec une agitation fébrile.

La colère, qu'il s'était si longtemps efforcé de contenir, se faisait jour enfin et triomphait du calme qu'il avait affecté jusqu'alors.

L'expression de son visage était terrible.

Ses yeux gris lançaient la flamme sous les épais sourcils qui se croisaient au-dessus d'eux. Sa narine dilatée donnait à la face le sentiment sauvage de la bête fauve. Ses lèvres décolorées tranchaient à peine sur ses dents qu'il avait d'une blancheur admirable.

Sur son front plissé, dégarni aux tempes, à la teinte jaune et cuivrée, on voyait les veines se gonfler à faire croire que le sang allait jaillir par les pores de la peau.

« L'heure s'avance, dit-il en s'arrêtant tout d'un coup, il faut que tu parles. Réponds, Sabina ! Où est ton fils ? »

Dona Sabina ne répondit pas. Elle avait repris son immobilité et son mutisme.

« Parleras-tu ! » s'écria don Ramero avec furie.

Et comme la malade ne bougeait pas :

« Tu oublies donc que tu es entre mes mains ! continua-t-il en saisissant de ses doigts crispés la crosse d'un pistolet passé à sa ceinture. Il me faut ton fils, entends-tu ! Il faut que toi et les tiens s'éteignent dans les larmes ou dans le sang. Aux femmes les douleurs, aux hommes la mort, et je serai vengé! Fernando? où est Fernando?

— Grâce! s'écria la pauvre femme en sentant le canon d'acier du pistolet s'empreindre comme un anneau de glace sur son front humide de sueur.

— Ton fils! répéta le commandant.

— Grâce pour lui! Pitié!

— As-tu eu pitié de ma douleur lorsque je voulus me tuer en te sachant la femme d'un autre? Ton fils? réponds!

— Tuez-moi, je souffrirai moins ! dit la malade en retombant épuisée.

— Te tuer ? non ! non ! pas encore, répondit don Ramero en rejetant son arme. Il faut que ton cœur souffre comme le mien a souffert. Il faut que tu voies souffrir et mourir les tiens avant de mourir toi-même.

— Don Ramero ! s'écria Sabina en se cramponnant à son terrible interlocuteur, don Ramero ! n'êtes-vous point assez vengé ! Eh bien !

oui, j'avoue tout !... je confesse tout!... je suis coupable envers vous de tout ce que vous me reprochez !... Oui, j'ai été coquette; oui, je me suis jouée de votre amour ; oui, j'ai trahi mes serments, mais pourquoi faire supporter à des créatures innocentes les fautes de leur mère ? D'ailleurs, ne m'avez-vous pas oubliée, vous aussi ; ne vous êtes-vous pas marié vous-même ?

— Ma femme est morte de chagrin, parce qu'elle a compris que je ne pouvais vaincre mon indifférence pour elle, répondit lentement don Ramero. Ma fille habite Grenade, auprès des deux filles que don Horacio, mon frère, eut de son premier mariage, avant qu'il devint votre gendre, et je n'ai jamais revu mon enfant depuis la mort de sa mère. Et cette mort, cet abandon, n'est-ce point encore vous qui les avez causés? n'est-ce point la passion que vous aviez allumée dans mon cœur, qui a éteint tout autre sentiment? Aujourd'hui, cette passion existe toujours avec la même force ; seulement, au lieu de se nommer amour, elle s'appelle haine ! Allons, Sabina ! Finissons! Où est ton fils ?

— Je l'ignore! s'écria la pauvre femme.

— Tu mens !

— Eh ! lors même que je saurais où il est, croyez-vous donc que j'irais le livrer à vos poursuites ?

— Où est-il ?

— Je ne sais !

— Où est-il ? répéta pour la troisième fois don Ramero, dont la colère atteignait alors son paroxysme.

— Tuez-moi, don Ramero ! Tuez-moi, je vous le répète ! » fit doña Sabina, dont le visage, horriblement crispé, indiquait les souffrances morales et les douleurs physiques.

Don Ramero bondit vers le lit et étreignit entre ses doigts de fer les deux mains de la malade, puis rapprochant sa tête de la sienne :

« Tu ne veux pas me dire où est ton fils, tu voudrais que je te tuasse sur le coup ! fit-il d'une voix rauque et stridente, eh bien ! je ne te tuerai pas, et tu me révéleras ce que je veux savoir; oui ! tu me diras où est Fernando, tu me le diras sur l'heure, à l'instant, ou, sinon, je dirai, moi, ce qui s'est passé à Saragosse, la nuit du 16 février 1809 ; je le dirai partout et à tous, dona Sabina, et votre fille Inès, et votre fils Fernando, maudiront votre mémoire, car vous aurez déshonoré votre nom. »

Dona Sabina poussa ce même cri étouffé qu'avait déjà provoqué, au début de cette entrevue, la même menace formulée par don Ramero ; mais cette fois, au lieu de se laisser abattre, au lieu de prier et d'intercéder, la malheureuse femme se redressa fière et énergique.

« Et moi, dit-elle, en étendant le bras vers son interlocuteur, et moi, don Ramero y Puelès, je dirai que la veille de cette nuit dont vous parlez, la veille de cette nuit où les Français s'emparèrent du couvent de San-Francesco, un Espagnol, un habitant même de la ville assiégée, officier d'ordonnance du colonel Fleury, alla trouver le général français qui commandait l'attaque et lui vendit, pour un peu d'or, le secret des souterrains de Santa-Engracia, par lesquels les ennemis pénétrèrent dans le couvent. Je dirai cela, don Ramero, et j'ajouterai que ce traître, ce lâche, ce maudit, se nommait.... »

Sabina s'arrêta, la parole expira sur ses lèvres : don Ramero venait de lui poser sa main nerveuse sur la bouche.

Le visage blafard, les yeux étincelants, en proie à un accès de rage indicible, l'officier arracha de sa couche la malheureuse créature et la jeta sur le sol, à ses pieds.

Puis, par l'effet d'une réaction subite, il se calma tout à coup.

« Vous êtes folle, senora, dit-il froidement. Vous répéteriez cette calomnie, on ne vous croirait pas.

— Les preuves existent, don Ramero! fit Sabina en essayant de se relever.

— Les preuves! répéta le commandant en tressaillant de tout son être.

— Oui; les preuves! et ces preuves sont en lieu de sûreté. Ah! continua la malade avec l'énergie du désespoir, ah! vous tremblez, à cette heure, vous qui m'avez si lâchement et si cruellement persécutée ! Ce secret que j'avais en ma possession, ce secret qui peut vous perdre et que j'avais si longtemps cherché à étouffer au fond de mes souvenirs, je le révélerai aujourd'hui ! Que m'importe le déshonneur public ? le vôtre suivra le mien, et, à mon tour, je serai vengée ! En tuant mon mari, vous avez détruit le lien qui retenait ce secret captif. Vous n'aviez pas songé à cela, don Ramero ; c'est que, don Urdova mort, sa veuve était libre de parler ! Oh ! vous ignoriez que moi aussi j'avais des armes! Allons, infâme! livre l'honneur d'une pauvre créature repentante, et moi je te livrerai à l'ignominie et à la honte!

— Tais-toi! hurla don Ramero en saisissant Sabina qu'il pressa dans ses bras, comme s'il eût voulu étouffer avec elle le redoutable secret... Tais-toi!

— Non! je parlerai! Assez de tortures, assez de craintes, j'ai trop souffert. Déshonneur pour déshonneur, l'avenir nous jugera tous deux!

— Tais-toi! Tais-toi! répéta le commandant.

— Je parlerai! A moi! à l'aide... s'écria la malade.

— Tais-toi, te dis-je!

— Au secours! au secours! fit Sabina en essayant de s'échapper des bras qui la retenaient.

— *Demonio*! te tairas-tu? »

Et don Ramero, secouant rudement la pauvre créature, la repoussa avec une force irrésistible.

Sabina fit quelques pas en arrière, puis chancela et roula sur le plancher de la chambre...

Mais en tombant, sa main rencontra un objet qu'elle saisit instinctivement : c'était le pistolet dont l'avait menacée Ramero, pistolet qu'il avait rejeté loin de lui.

Sabina se redressa vivement sur ses genoux.

« Dieu m'envoie la vengeance, dit-elle, meurs et sois maudit ! »

Et, réunissant ses forces, elle appuya son doigt sur la détente de l'arme. Le coup partit et la balle rasa la tête du commandant, qui s'était jeté brusquement de côté.

« *Demonio!* hurla l'officier de la Régente. Tu veux donc mourir ! »

Et, dans un paroxysme de rage, don Ramero saisit un lourd fauteuil en chêne massif placé à sa portée, le souleva, le balança dans l'air un instant, et le lança ensuite sur son ennemie.

Dona Sabina laissa échapper un cri étouffé et tomba, renversée, la tête entr'ouverte.

Un flot de sang jaillit de la blessure et la pauvre femme demeura immobile.

Don Ramero, atterré par ce qui venait de se passer, parut lui-même frappé de stupeur, puis il fit un pas en avant, mais avant qu'il eût eu le temps de s'élancer sur la femme mourante ainsi qu'il en avait évidemment l'intention, des cris retentirent au dehors, des coups répétés résonnèrent sur la porte extérieure de la maison et une vive fusillade fit trembler les échos muets du village.

Le coup de pistolet tiré par doña Sabina avait été pris pour le signal indiqué par don Ramero et les soldats commençaient le massacre.

CHAPITRE TROISIÈME.

Le massacre.

Don Ramero, incertain d'abord, sembla vouloir réfléchir sur le parti qu'il devait prendre, mais ses soldats ne lui laissèrent ni le temps, ni la faculté de la réflexion.

Inquiets sans doute de l'absence prolongée de leur chef, impatients de se livrer à leur œuvre de meurtre et de destruction, ils n'eurent pas plutôt entendu la détonation qui devait leur donner le signal de la bataille, qu'ils se précipitèrent sur la porte de l'humble demeure et l'enfoncèrent à coups de crosse de fusil.

Don Ramero, craignant peut-être que

la mourante ne se ranimât et ne révélât le terrible secret devant ses hommes, don Ramero s'élança au-devant d'eux dans la seconde pièce de la maison.

« Tuez et brûlez ! » ordonna-t-il d'une voix rauque en bondissant sur la place du village.

Ces deux ordres étaient au moins inutiles.

Déjà deux maisons étaient la proie des flammes et deux ou trois cadavres gisaient dans les rues éclairées par ce commencement d'incendie.

Les soldats n'avaient pas perdu leur temps. Profitant du silence et de la nuit, durant les heures que don Ramero avait passées dans la maison de Sabina, ils avaient entassé quelques fagots de bois mort aux portes des maisons principales et, le moment venu, avaient mis le feu à ces espèces de fascines.

Surpris à l'improviste dans leur sommeil, les malheureux paysans s'étaient, aux premières détonations, élancés les uns aux fenêtres, les autres aux portes de leurs habitations et partout les avaient assaillis les balles des christinos.

Mais les Navarrais et les Basques sont braves et ne reculent pas en présence du danger.

Le premier moment de surprise passé, un immense cri de rage et de menace succéda au cri d'alarme, et ce cri, femmes, hommes, enfants, vieillards le poussèrent à la fois.

Tout devint une arme entre ces mains désireuses de repousser la force par la force.

Les fusils, les faux, les bâtons, les pierres, les pinces de brazero, les instruments aratoires se transformèrent en armes offensives, en moyens de défense, en projectiles dangereux et la lutte s'engagea en même temps sur tous les points du village avec une furie et un ensemble que l'on ne rencontre le plus souvent que dans les horreurs de la guerre civile.

Les soldats, étonnés, furent tout d'abord repoussés; mais bien armés, bien équipés, ayant l'avantage du nombre, ils ne devaient pas tarder à triompher de ceux qu'ils attaquaient.

Don Ramero, les animant de la parole et de l'exemple, les lança à l'assaut de ces maisons devenues chacune de petites citadelles.

Un feu roulant s'étendait sur une

même ligne, car, suivant la coutume, le village se composait d'une seule et unique rue aboutissant sur la place de l'église, là où se trouvait la maison de Sabina.

Bientôt l'incendie se propageant, les habitants se virent contraints d'abandonner leurs demeures pour combattre dans la rue.

La lutte alors n'était plus possible.

Femmes, enfants, vieillards gisaient

étendus à côté de leur mari, de leur père, de leur fils.

Quelques hommes, combattant avec cet élan désespéré que donne la certitude d'une mort prompte, essayaient seuls encore, non pas de repousser les soldats, mais de tuer le plus possible d'ennemis avant de succomber eux-mêmes.

Ceux-là cependant ne tardèrent pas à partager le sort de leurs compagnons.

Bientôt l'incendie illumina entièrement l'étroite vallée à l'extrémité de laquelle était construit Adrian, et dans le village on ne vit plus debout au milieu des rues encombrées de cadavres que les soldats de don Ramero, qui, la carabine fumante, contemplaient d'un œil sec cette scène de désolation.

Dès l'instant où il avait vu assuré le triomphe des siens, le commandant avait abandonné le théâtre du carnage et était retourné vers la maison de dona Sabina.

Cette fois il y pénétra par la porte donnant sur la place, porte à demi brisée par les soldats.

Ramero traversa vivement la première pièce et passa dans la seconde où avait eu lieu son entrevue avec la mère de Fernando.

Tout était dans le même état qu'au moment où il s'était élancé au dehors.

Doña Sabina, toujours immobile, n'avait point fait un mouvement. Le sang s'était seulement échappé avec plus d'abondance de sa blessure et sa tête gisait au milieu d'une véritable mare.

La figure était pâle comme celle d'un trépassé, et les cheveux dénoués, tout coagulés par le sang, lui couvraient le front et les yeux.

A côté d'elle on voyait, renversé, le fauteuil qui l'avait frappée à la tête.

Don Ramero s'approcha lentement et se pencha vers le corps inanimé de la pauvre femme.

Les yeux fixes, sans regards, étaient démesurément ouverts.

« Sabina! » murmura le commandant.

Rien n'indiqua que la femme eût entendu.

« Sabina! » répéta-t-il en élevant la voix.

Même silence.

« Sabina! » fit-il en se baissant pour saisir une main qu'il secoua.

Le bras inerte obéit au mouvement

qui lui était donné, puis, dès que don Ramero l'abandonna, il retomba avec un bruit sourd sur le plancher humide de sang.

L'officier christino écarta les vêtements de dona Sabina et passa la main sur le côté gauche de la poitrine.

Le corps était chaud encore, mais don Ramero ne sentit pas battre le cœur.

« Elle est morte! » dit-il en se redressant.

Et il fit un pas en arrière.

« Morte ! répéta-t-il en secouant la tête. Oh ! que n'était-elle morte il y a trente ans, avant que je la rencontrasse ! Morte ! cette femme pour laquelle j'ai vécu, qui a partagé mon existence en deux parts : moitié amour, moitié haine, et toujours passion ! »

Puis, comme s'il eût craint de se laisser aller aux souvenirs du passé en présence de la créature qu'il venait de tuer, il ramassa le pistolet avec lequel doña

Sabina avait tiré sur lui et s'élança au dehors.

« *Demonio* ! fit-il tout à coup en s'arrêtant sur le seuil de la maison, comment a-t-elle eu ce secret ? Qui le lui a livré ?... Quelles preuves en avait-elle ? Serait-ce cet homme qui, dans la nuit du 16 février.... Non! dit-il en s'interrompant, je l'aurais su.... D'ailleurs, maintenant, que m'importe ? Elle est morte, elle ne parlera pas! Mais pourquoi a-t-elle attendu jusqu'à ce jour pour me menacer de cette révélation?... Ignorait-elle cette action?... Ne la lui a-t-on révélée que depuis peu? Mais encore une fois, qui l'eût fait?... J'étais seul, bien seul avec le général, j'en suis certain... Oh! il y a là un mystère qu'il faut que je connaisse! Des preuves! a-t-elle dit. »

Don Ramero parut profondément réfléchir.

Il était alors sur le seuil même de la

maison, et il avait sous ses yeux, dans toute sa longueur, la rue du village.

Cette rue offrait un aspect étrange et saisissant.

Dix ou douze maisons embrasées l'éclairaient mieux que n'eût pu le faire l'illumination la plus splendide.

Les flammes, dardant leurs langues rougeâtres vers les nuages et s'entourant par moments d'un voile épais de fumée que balayait par rafales la brise du nord-ouest, couraient rapides vers les habitations voisines.

On eût dit qu'elles avaient hâte d'accomplir leur œuvre fatale et de prendre leur part active à la destruction entière du village.

De minute en minute des gerbes de feu, s'élançant horizontalement, venaient lécher les murailles et les toitures des maisons demeurées jusqu'alors à l'abri du péril, puis ces murailles noircissaient, ces toitures craquaient, et tout à coup bois et charpentes s'embrasaient avec un pétillement sec.

Une pluie d'étincelles et de flammèches incandescentes voltigeait dans les airs et retombait sur le sol en cendres brûlantes.

La teinte noire du ciel faisait ressortir plus encore la nuance rougeâtre qui s'élevait au-dessus du village.

Dans la rue, des soldats étaient occupés à fouiller les cadavres, à les dépouiller de leurs vêtements, tandis que d'autres plus hardis pénétraient jusque dans l'intérieur des maisons croulantes pour prendre et piller ce qui pouvait les tenter davantage.

Aucun pinceau ne parviendrait à rendre cette scène effrayante de désolation.

Plus de soixante femmes ou jeunes filles, près de quarante enfants, autant de vieillards, avaient été massacrés, mutilés, déchirés, et formaient un immense charnier au côté duquel on voyait les cadavres des hommes valides ayant combattu jusqu'au dernier et près desquels étaient étendus les corps inanimés de plus de cent soldats.

Tout en fouillant les morts, les soldats achevaient les blessés.

C'était quelque chose d'épouvantablement hideux que ce spectacle auquel affreuses exigences de la guerre civile n'avaient que trop accoutumé les troupes des deux partis.

Don Ramero, l'œil fixe en présence de ce repoussant tableau, ne semblait point apporter la plus légère attention à cette œuvre de mort et de ruine qui était cependant bien la sienne.

Le commandant réfléchissait toujours.

CHAPITRE QUATRIÈME.

IV

La lettre.

Oubliant et le lieu où il se trouvait, et l'assassinat qu'il venait d'accomplir, et les massacres qu'il avait froidement ordonnés, il ne songeait qu'à une chose, il n'avait qu'une pensée : deviner le moyen employé par Sabina pour connaître son secret et chercher quelles étaient ces preuves dont elle avait parlé.

Tout à coup il se frappa le front : ses yeux, errant autour de lui, avaient rencontré le cadavre du jeune pâtre poignardé par Pedro, après qu'il avait subi l'interrogatoire de don Ramero.

Cette vue sembla faire naître dans l'esprit du commandant une pensée subite.

« Un prêtre venait la visiter, m'a-t-on dit ; elle-même m'a parlé d'absolution, murmura-t-il. Donc ce prêtre, à qui elle aura tout confié, doit tout savoir. Ces preuves, dont j'ignore la valeur et dont elle m'a menacé, c'est lui qui doit les posséder.... Il faut que je retrouve cet homme et que je le fasse parler... D'après les paroles de l'enfant, ce prêtre doit habiter Saragosse... Oh ! je le trouverai, fût-il au fond de l'enfer ! et.... »

Don Ramero n'acheva pas. Une pensée nouvelle parut succéder subitement à la première.

Le commandant pivota sur lui-même et rentra dans l'intérieur de la maison.

Pénétrant pour la troisième fois dans la chambre de dona Sabina, il examina attentivement les meubles qui l'ornaient.

Cet examen devait être court, si l'on se rappelle la description que nous avons faite du mobilier.

Les yeux de Ramero s'arrêtèrent d'abord sur une petite table placée à côté de l'endroit où était tombée la malheureuse femme.

Sur cette table se trouvaient placés des papiers, un encrier et des plumes.

Don Ramero fouilla les papiers. aucun d'eux n'était écrit. Là n'était pas l'indice qu'il cherchait.

Restait le bahut, le seul meuble qui, avec le lit, la table et les chaises, ornât la pièce.

La porte, en ébène plein, était fermée à double tour. Don Ramero brisa la serrure à l'aide de son poignard, et le meuble s'ouvrit.

Il contenait peu de choses.

Quelques vêtements d'usage familier tous de couleur noire (nuance affectionnée par doña Sabina, et qui lui avait fait donner dans le pays le surnom de la *senora Negra*, la dame noire), étaient rangés sur la planche supérieure.

Le bahut contenait deux autres tablettes. Ces deux tablettes étaient garnies de livres et de papiers manuscrits.

Les livres étaient tous des ouvrages de piété ; les manuscrits, sortes d'archives de famille, contenaient des renseignements, écrits tous de la main de don Urdova, dont la signature s'étalait au bas de chaque cahier.

Don Ramero parcourut vivement et rapidement livres et cahiers ; mais, après un examen attentif, il repoussa le tout et frappa du pied avec impatience.

« Ce n'est pas cela ! » murmura-t-il.

Se retournant brusquement vers l'intérieur de la chambre, il l'examina de nouveau.

« Ah ! fit-il en s'élançant vers la petite table, il y a un tiroir que je n'ai pas ouvert. »

Le tiroir n'avait pas de serrure : don Ramero l'attira à lui si brusquement que, s'échappant des coulisseaux qui le retenaient, il faillit tomber.

Des papiers s'envolèrent par la force de la secousse, et tombèrent à terre.

Don Ramero poussa un cri de joie : il venait d'apercevoir une lettre.

Il se baissa avidement et la ramassa.

Cette lettre, fraîchement cachetée, portait pour suscription :

Pour remettre au révérend père Pascual, chanoine du chapitre de Notre-Dame del Pilar, à Saragosse.

La clarté projetée par l'incendie était alors tellement grande que, la pièce n'eût-elle pas été éclairée par la petite lampe dont nous avons parlé, don Ramero eût pu lire facilement.

Sans hésiter il brisa le cachet de la lettre, déploya le papier et lut.

La lettre ne contenait que ces lignes :

« Mon révérend père,

« M'abandonnez-vous donc, vous le seul ami qui me reste sur cette terre ? Voici plus d'un mois que j'attends votre visite. Ma conscience est toujours bourrelée, en dépit des charitables consolations que vous m'avez données. Vous qui connaissez ma vie entière jusque dans les moindres circonstances de mon existence, vous devez me comprendre. J'ai besoin d'entendre votre voix pleine de miséricorde. Venez, je vous attends.

« Votre pénitente indigne,

« Doña SABINA. »

La date portait : *Adrian, le 28 octobre 1835.*

Doña Sabina avait donc écrit cette lettre la veille dans la journée, et probablement elle attendait une occasion favorable pour la faire passer à celui était adressée.

Don Ramero avait trouvé ce qu'il à qui elle cherchait.

« Le père Pascual! répéta-t-il. Il sait tout! Eh bien! avant deux fois quarante-huit heures il m'aura tout dit, et je n'aurai plus rien à craindre de lui ! *Demonio* ! la guerre est une belle chose pour se défaire de ses ennemis et de ceux qui vous gênent !... Reste Fernando! Je le trouverai aussi, celui-là.

— Oh! ma vengence! fit don Ramero en laissant tomber son regard sur le corps inanimé de dona Sabina. Fernando mort, elle sera complète, et ce secret, étouffé avec le dernier râle du prêtre qui le possède, je n'aurai rien à redouter! Ah! j'aurais pu être bon et aimant, on m'a rendu cruel et haineux; que la faute en retombe sur ceux qui m'ont lancé sur la voie fatale. Je suis la route, je ne m'arrêterai qu'au but; et ce but, je l'atteindrai, car moi seul le connais maintenant. »

Et don Ramero, serrant précieusement sur sa poitrine la lettre que dona Sabina adressait à son confesseur, quitta brusquement la chambre sans même accorder un dernier regard à la femme qu'il avait aimée jadis et qu'il venait de tuer maintenant.

Heureusement pour dona Sabina peut-être ; car si l'officier se fut retourné au moment où il passait dans la seconde pièce, il eût vu un imperceptible frémissement agiter le corps de la pauvre femme, et ce frémissement lui eût appris que celle qu'il croyait morte n'avait pas encore cessé de vivre.

Vingt minutes après, et comme la dernière heure de la nuit s'apprêtait à s'enfuir devant la première heure du jour, don Ramero, à la tête de ses soldats, traversait la petite plaine au centre de laquelle il avait arrêté le chevrier et son troupeau, et, après avoir rallié

Alonso demeuré, nous le savons, à la garde du bétail, il s'élançait dans les montagnes, coupant le pays du nord-ouest au sud-est.

L'aube naissante ne permettait pas de distinguer à une longue distance, au milieu du brouillard qui se condensait dans la montagne, menaçant de retomber en pluie dans les vallées.

Derrière eux, les christinos laissaient le paysage éclairé par les flammes, de sorte que, se trouvant protégés par le brouillard et l'obscurité, ils pouvaient apercevoir ce qui se passait dans la plaine sans courir le risque d'être vus.

La petite troupe avançait rapidement. Don Ramero, marchant à la tête de ses hommes, avait atteint une gorge étroite donnant accès de l'autre côté de la Sierra.

Lss soldats et leur chef s'enfoncèrent résolument dans cette route creusée par quelque convulsion de la nature entre deux rocs à pic.

Pedro fermait la marche. Les christinos passés, il se retourna pour jeter un dernier coup d'œil sur la vallée qui allait disparaître à ses regards.

Les flammes continuaient de dévaster le village. La solitude la plus profonde régnait dans la plaine.

Les yeux de Pedro embrassèrent rapidement l'horizon. Tout à coup le soldat tressaillit.

Il venait d'apercevoir sur le versant de la montagne située en face de lui, et de l'autre côté de la vallée, deux masses noires qui paraissaient rouler sur les flancs de la Sierra, et qu'il reconnut bientôt pour deux cavaliers descendant au galop la pente rapide et se dirigeant à toute bride vers le village.

Derrière l'un de ces cavaliers se mouvait une ombre que Pedro ne put distinguer assez nettement pour en apprécier la forme, ni la position, relativement au cheval à la queue duquel elle paraissait être accrochée.

« Les carlistes, sans doute attirés par le feu, murmura le soldat souriant sous une épaisse moustache grise ; qu'ils viennent maintenant s'ils le veulent. La besogne est faite et bien faite, je m'en vante. Ils n'ont qu'à chercher dans tout Adrian, s'ils y trouvent un maravédis ou le plus petit objet de valeur, je veux bien être confessé par Zumala-Carregui en personne ! »

Et Pedro, rejetant sa carabine sur son épaule, reprit sa route et hâta le pas afin de rejoindre ses camarades qui commençaient à disparaître dans le brouillard.

CHAPITRE CINQUIÈME

V

Mochuelo.

Au moment où Pedro reprenait son rang à l'arrière garde, six heures et demie du matin sonnaient à l'église du pauvre village incendié.

Pedro ne s'était pas trompé : deux cavaliers descendaient effectivement les pentes rocheuses de la Sierra, venant du côté opposé à celui par lequel don Ramero et ses soldats venaient de s'éloigner.

Ces deux cavaliers étaient suivis d'un piéton, lequel se soutenait à l'allure rapide des deux chevaux, en courant à la remorque de l'un deux, dont il avait enroulé autour de son bras droit la longue queue flottante.

Les trois hommes, arrivant par la route de Vittoria, avaient gravi d'abord le versant sud de la montagne.

Il était environ trois heures du matin lorsqu'ils avaient entrepris leur pénible ascension.

A cette heure la fusillade commençait à Adrian ; mais le vent, venant du nord-est, emportait le bruit dans une autre direction que celle suivie par les cavaliers et leur compagnon.

D'ailleurs, l'épaisseur des rocs, dont

ils gravissaient lentement les sentiers abruptes, eût suffi pour intercepter le son.

Les trois hommes, ignorant donc complétement ce qui se passait de l'autre côté de la montagne, laissaient leurs montures marcher à une allure libre, sachant bien que vouloir les pousser par ces véritables chemins du diable eût été témérité et folie : témérité en ce que les précipices succédaient aux précipices, à chaque pas et à chaque instant; folie, en ce que les chevaux surmenés se fussent promptement fatigués et eussent été incapables de continuer leur route.

Aucun des trois personnages ne parlait.

Les deux cavaliers paraissaient plongés chacun dans un océan de réflexions tristes et absorbantes, et la tête penchée sur la poitrine, les yeux fixes, ils avançaient côte à côte sans échanger un mot.

Le piéton, lui, que ce silence paraissait assez vivement contrarier, mais qui, par respect sans doute, n'osait pas le rompre, le piéton essayait de tromper le mutisme auquel il se trouvait condamné, et de charmer les ennuis de la route en fredonnant *à mezza voce,* comme disent les Italiens, quelqu'un de ces interminables fandangos au rhythme vif et animé.

Nos trois voyageurs, gravissant les escarpements de la Sierra, à la lueur des étoiles, guidés plutôt par l'instinct des deux chevaux basques qu'ils montaient que par leur propre volonté, jetaient de temps à autre vers l'horizon borné un regard interrogateur.

« Faudra-t-il donc passer par les nuages pour atteindre le versant opposé de la montagne? dit l'un des cavaliers avec impatience, en constatant qu'un véritable rempart de granit s'élevait encore à plusieurs milliers de mètres au-dessus de sa tête.

— Il doit y avoir un sentier sur la droite, répondit l'autre, et ce sentier, si j'ai bonne mémoire, coupe la montagne par la moitié. N'est-il pas vrai, senor Mochuelo ? »

En formulant cette interrogation, le second cavalier se retourna vers le piéton.

« Mais, senor Andrès, répondit le soldat carliste, notre vieille connaissance de la *fonda del Coscon*, je crois en effet que vous ne vous trompez pas, car j'aperçois là-bas, précisément sous ce rayon de lune, une sorte d'échelle taillée dans le roc, qui doit être le sentier en question. Si le senor Fernando le désire, je passerai en tête pour explorer la route, car voici la lune qui se cache, et cette nuit est bien noire comme le fin fond de l'enfer.

— Où tu iras un jour, ajouta en souriant le premier cavalier.

— Senor Fernando, je vous suivrai

partout, vous le savez bien, répondit Mochuelo.

— Bien riposté! fit Andrès. Si votre carabine porte aussi juste que votre langue, illustre sergent, vous êtes le modèle des guerilleros passés, présents et futurs.

— Mais ma carabine porte assez bien, et vos camarades, les christinos, en savent quelque choses.

— Paix! Mochuelo! fit Fernando

avec autorité. Je t'interdis toute allusion blessante pour mon ami.

— Je n'ai pas l'intention d'insulter le senor Cabarello, répondit le vieux sergent. D'ailleurs je ne saurais maintenant le considérer comme un christino.

— Voici le sentier, dit Andrès en dirigeant sa monture vers la droite.

— Ah ! ajouta Fernando, le terrain est meilleur ; pressons l'allure !

— Tu as hâte d'arriver ?

— Oui, j'ai hâte et cependant j'ai peur...

— Peur ! répéta Andrès. Et pourquoi ?

— Mon Dieu ! dit Fernando, si ma mère ne voulait pas me pardonner !

— Ne crains pas cela, ami !

— Eh bien ! avançons alors... nous pouvons trotter. »

Andrès rendit la main à son cheval, qui partit rapidement.

— Mochuelo, suivant sa coutume,

se suspendit aux crins de la monture de Fernando.

Ils parcoururent ainsi environ un demi-mille, puis le sentier devenant plus rapide, ils se virent contraints à reprendre le pas.

« Ne nous pressons pas, dit Andrès, nous fatiguerions nos chevaux, et d'ailleurs mieux vaut arriver le jour que la nuit, car nous ignorons où se trouve l'habitation de dona Sabina Urdova...

— Oh! si ce n'est que cela, fit Mochuelo en interrompant l'éternel fandango qu'il s'était remis à chanter, ne vous inquiétez pas, je vous y conduirais les yeux fermés.

— Où cela ? demanda Fernando.

— A l'habitation de la senora.

— Quoi ! tu sais où demeure ma mère ?

— Oui, senor.

— Tu l'as donc vue ?

— Jamais.

— Et bien, alors ?

— Fabian m'a renseigné pendant que nous préparions les chevaux, et comme je connais Fabian mieux encore que le fond de ma besace, je suis certain de ne pas m'écarter d'une semelle de la route aboutissant à la porte de la *senora Negra.*

— La *senora Negra* ? répéta Fernando. Qui donc se nomme ainsi ?

— Votre mère.

— Ma mère se nomme la dame noire ? fit l'aide de camp de Zulama-Carregui avec étonnement.

— Oui, senor.

— Mais pourquoi ce nom, ou, pour mieux dire, ce surnom?

— La senora n'est pas connue autrement dans le pays, à ce que m'a raconté Fabian. Comme les paysans ignoraient son nom et qu'elle était toujours vêtue de noir des pieds à la tête, ils ont pris l'habitude de la désigner ainsi. Vous comprenez, senor. »

Fernando ne répondit pas. Il songeait que ces vêtements noirs que portait sa mère étaient le signe de deuil de don Urdova son père.

Les trois voyageurs continuèrent leur route, si toutefois il est permis de donner ce nom à l'espèce de sentier qu'ils suivaient depuis quelques instants.

Ce sentier, encaissé entre deux blocs de rocher, et formant une infinité de zig-zags des plus pittoresques, ne laissait pas à l'œil la faculté d'étendre son regard à plus de dix à quinze mètres en avant, tant il se tourmentait au sein de la montagne, dont les flancs dénudés semblaient à chaque instant obstruer sa voie et le transformer en impasse.

Enfin, après une heure de marche et grâce à l'infatigable ardeur des chevaux basques et à leur sûreté de pieds réellement extraordinaire, le ciel, qui jusqu'alors se montrait comme un étroit ruban de couleur sombre au-dessus de la tête des voyageurs, apparut en face d'eux à l'horizon.

Encore cet horizon était-il tellement resserré, qu'on eût dit l'apercevoir à travers une déchirure de la montagne.

« Tiens! fit tout à coup Mochuelo avec un geste d'étonnement, le jour se lève déjà?

— Tu es fou, dit Fernando.

Mais non, senor, je viens d'entrevoir une lueur rougeâtre en face de nous.

— Oh! fit Andrès en souriant, voici l'ami Mochuelo qui change l'ordre de la nature. Il voit le jour se lever au sud, à ce qu'il paraît.

— Mais, répondit Mochuelo dont les yeux perçants ne se détachaient pas du lambeau de ciel qu'il désignait du geste, mais si ce n'est le jour qui se lève, qu'est-ce donc que cette clarté qui s'étend là-bas?

— En effet, ajouta Fernando, on dirait les bandes rougeâtres dessinées par l'aurore naissante.

— C'est vrai, dit Andrès à son tour;

mais ce n'est point l'aurore, car en face de nous, dans cette direction, est précisément le sud-ouest

— Qu'est-ce donc alors? demanda Fernando.

— Si ce n'est pas le jour que je vois, c'est à coup sûr la lueur d'un incendie!

— Un incendie! s'écria le fils de dona Sabina. Est-ce donc Adrian qui brûle?

— Ecoutez! écoutez! dit Mochuelo en s'arrêtant subitement.

— Quoi? fit Andrès. »

Un geste du soldat lui imposa silence.

Mochuelo, immobile, le corps penché en avant, l'oreille tendue, semblait écouter avec une attention profonde.

Andrès et Fernando s'étaient arrêtés aussi.

Après quelques secondes de silence, le vieux sergent se coucha sur le sol et appuya sur le roc un côté de sa tête, dont le visage avait revêtu une subite expression d'inquiétude.

Il se releva d'un bond.

« On se bat là-bas ! dit-il.

— On se bat ? répéta Fernando.

— Oui.

— On se bat ? répéta également Andrès.

— Eh ! sans doute, s'écria Mochuelo ; n'entendez-vous pas la fusillade. »

En ce moment et comme si le ciel eût voulu donner raison à l'affirmation du vieux soldat, la brise, sautant du nord-est au sud-ouest, apporta distinctement aux oreilles des trois voyageurs le pétillement sourd de coups de fusil tirés séparément.

Puis, la lueur signalée par Mochuelo s'éleva davantage, et le ciel sembla s'embraser jusqu'au-dessus de la Sierra.

« Des coups de feu et un incendie, hurla Fernando, si les christinos sont à Adrian, ma mère est en danger, en avant ! »

Et, en dépit du mauvais état de la route, il lança son cheval au galop.

« Senor Andrès, s'écria Mochuelo tout en obéissant à l'allure rapide que lui imprimait le cheval de son chef, senor Andrès, si ce sont les christinos, vos amis d'il y a six heures, que ferez-vous ?

— J'aiderai Fernando à sauver sa mère, si la senora Urdova court un danger, répondit le compagnon du jeune carliste.

— Bien, murmura Mochuelo. Pour le moment on ne peut raisonnablement vous demander davantage. »

Les chevaux, éperonnés vigoureusement, faisaient jaillir sous leurs sabots ferrés des myriades d'étincelles. Les nobles animaux semblaient avoir oublié toute fatigue et réunir leurs forces pour soutenir une allure impossible sur une route impraticable.

La distance qui séparait l'endroit où se trouvaient les voyageurs du village incendié par les christinos était encore considérable.

Cependant le sentier ne montait plus et l'horizon s'élargissait de minute en minute.

Bientôt on atteignit le versant opposé de la Sierra et la petite plaine à l'extrémité de laquelle était construit Adrian se déroula sous les yeux de Fernando et de ses compagnons.

L'incendie était alors dans toute sa

force et éclairait lugubrement le paysage.

L'aide de camp de Zumala-Carregui poussa un cri de rage et se précipita à fond de train sur les pentes rapides de la Sierra.

Le jour se levait alors, et les christinos, commandés par don Ramero, abandonnant le champ de carnage, s'enfonçaient dans les gorges resserrées de la montagne.

Ainsi que l'avait dit Pedro en rejetant

sa carabine sur son épaule, après avoir constaté la venue des deux cavaliers, la besogne était faite et les carlistes arrivaient trop tard.

CHAPITRE SIXIÈME.

VI

La morte.

Lorsque le fils de dona Sabina et ses deux compagnons atteignirent la plaine, le jour naissant, combattant mal la clarté projetée par les flammes, venait rendre plus triste et plus déchirant encore le spectacle qui s'offrait à eux.

Le coup d'œil que présentait le malheureux village était effectivement quelque chose de hideux à contempler.

Les premières maisons, incendiées par les christinos, maintenant entièrement dévorées par le fléau destructeur, ne présentaient plus qu'une masse informe, noire et fumante.

Près de la moitié d'Adrian était ainsi consumé; et le feu, gagné rapidement, atteignait l'extrémité de la bourgade avoisinant l'église.

Des cadavres, les uns à demi carbonisés, les autres gisant encore au milieu d'une mare sanglante, encombraient la rue.

Partout un silence effrayant, troublé seulement par le pétillement sec des flammes et par le bruit, éclatant à intervalles inégaux, d'une maison qui s'effondrait. Fou de terreur au milieu de cette scène de désolation, Fernando n'osait franchir la première ligne des cadavres.

« Ma mère est là, sans doute! » murmura-t il en saisissant le bras d'Andrès.

Celui-ci, terrifié, jetait autour de lui un regard sombre et effaré.

Seul Mochuelo conservait son sang-froid. Depuis un an, le vieux soldat avait tant vu de choses terribles qu'il ne s'émouvait plus de rien.

« Allons à la demeure de la señora,

dit-il vivement, je vois que les flammes ne l'ont pas encore atteinte. Elle vivait seule.... Peut-être les christinos l'auront-ils oubliée, ou même ne l'auront-ils pas trouvée. »

Fernando fit un geste de doute, et de la main il désigna les corps inanimés de jeunes femmes et d'enfants qui gisaient à ses pieds.

« Je sais bien, je sais bien, répondit Mochuelo en interprétant la pensée du jeune homme; mais enfin, il faut voir....

— Ma mère est la veuve d'un officier carliste, dit Fernando en secouant la tête. Les christinos en auront fait leur première victime.... Oh! ma mère!... ma mère!... ajouta le malheureux jeune homme en étreignant son front de ses doigts crispés.

— Mochuelo a raison; hâtons-nous d'avancer avant que l'incendie nous en empêche! dit Andrès en prenant le bras de son compagnon.

Le vieux soldat avait attaché les deux chevaux au tronc d'un arbre.

« Faisons le tour, dit-il en désignant la plaine, la rue est impraticable.

— Non! dit vivement Fernando, suivons cette ligne de cadavres; je veux voir si parmi eux je ne trouverai pas celui de ma mère. »

Et l'œil sec, la démarche rapide, bondissant comme un jaguar par-dessus les corps morts, le jeune homme s'élança en avant avec une résolution sauvage.

Mochuelo et Andrès le suivirent.

Bientôt ils atteignirent le foyer même de l'incendie. Fernando, sans paraître prendre souci des flammes, continua sa marche.

A chaque cadavre de femme qu'il apercevait, Fernando se penchait ; puis, ne reconnaissant pas les traits de sa mère, il se redressait en laissant échapper un soupir de soulagement et il avançait de nouveau.

Bientôt l'église apparut en face d'eux.

« La maison habitée par la senora est là, dit Mochuelo.

— Marchons! » répondit sourdement Fernando.

Mais cette fois le passage était réellement impossible, et c'eût été une insigne folie que de le tenter.

Deux maisons sises en face l'une de l'autre, embrasées, se dressaient comme une double barrière de flammes, et, chancelant sur leurs fondations minées par le feu, menaçaient de s'écrouler de minute en minute.

Le vieux soldat et Andrès contraignirent Fernando à passer par les jardins auxquels chacune des maisons du village était adossée.

Bientôt ils gagnèrent celui de l'habitation de dona Sabina, après avoir fait un long circuit.

« C'est là ! » dit Mochuelo.

Fernando s'arrêta : il était pâle comme un spectre. Ses yeux enfoncés se détachaient aux brillants centre d'un cercle de bistre.

Son front, couvert de sueur, ne pouvait plus supporter le poids du chapeau.

Le jeune homme arracha son *sombrero* et le rejeta loin de lui.

Sa bouche, horriblement contractée, donnait à sa physionomie une expression étrange.

Il sembla d'abord réfléchir ; puis, d'un seul élan, il franchit la haie servant de clôture au petit jardin, à l'endroit même où don Ramero était passé quelques heures auparavant.

Mochuelo et Andrès sautèrent après lui.

Le petit jardin, éclairé en plein par l'incendie, prenait alors une teinte ardente causée par la réverbération des flammes sur le grand mur de l'ancien couvent.

On eût dit le cratère supérieur d'un volcan, alors que l'éruption, cherchant à se faire jour, laisse échapper une colonne de vapeur aux tons de cuivre qui se répand en couches rougeâtres, précédant la lave prête à s'élancer.

La chaleur projetée par le village en combustion était tellement vive, que les branches noircies des arbres se tordaient en craquant sous son action brûlante.

Des flammèches, apportées par le

vent, couraient sur la toiture dont la charpente vermoulue paraissait sur le point de s'embraser.

Quelques minutes encore, et la maison entière allait prendre feu.

Fernando et ses amis, comprenant l'imminence du péril, bondirent vers la porte donnant accès dans l'habitation de dona Sabina.

La clarté était tellement forte au dehors, qu'il était impossible de distinguer à travers les vitres ce qui se passait dans l'intérieur demeuré plus sombre.

Au moment où le jeune officier carliste posait la main sur le bouton de la porte, le plâtre qui crépissait la muraille de la maison tomba subitement, laissant apercevoir des lézardes béantes disjoignant les pierres, les vitres pétèrent et volèrent en éclats et la charpente fit entendre un craquement sinistre.

L'incendie, se propageant, venait d'atteindre le toit.

Fernando poussa la porte et se précipita dans la chambre où avait eu lieu la rencontre de dona Sabina et de don Ramero.

Andrès et Mochuelo le suivirent. Un flot de lumière inondait la pièce.

Fernando fit quelques pas en avant, puis il s'arrêta tout à coup en poussant un cri déchirant.

Il venait d'apercevoir, étendu sans mouvement et sans vie, le corps de sa mère.

Dona Sabina cependant n'était plus

dans la même position que celle où l'avait laissée son assassin.

Sans doute, la pauvre femme était revenue à elle, après le départ de don Ramero, et avait essayé de se traîner vers la porte pour appeler du secours, car elle avait alors la face à demi tournée vers la terre.

La petite table, dont le commandant christino avait ouvert le tiroir pour s'emparer de la lettre écrite au prêtre de Saragosse, et sur laquelle, on s'en souvient, se trouvaient un encrier, du papier et des plumes, la petite table était maintenant renversée.

Les papiers, qui s'étaient éparpillés en tombant, jonchaient le parquet de feuilles éparses.

L'encrier, dégorgeant l'encre noire, gisait près de la malheureuse femme, et doña Sabina tenait dans ses doigts raidis une plume qu'elle avait probablement étreinte dans un mouvement convulsif.

Sans doute, la mourante avait tenté de se relever; sans doute, elle s'était soutenue en s'appuyant sur le bord de la table, car cette table, les draps, le lit étaient imprégnés de taches sanglantes ; puis, soit que le poids de son corps eût entraîné le petit meuble, soit que les forces lui eussent tout à coup manqué et qu'elle eût perdu l'équilibre, elle était retombée sur les genoux d'abord, et sur la poitrine ensuite.

Fernando s'était précipité vers le

corps inanimé, qu'il saisit dans ses bras.

« Ma mère ! ma mère ! » s'écria-t-il à demi affolé par la douleur.

Dona Sabina ne répondit pas.

Le jeune homme écarta brusquement les vêtements et posa la main sur le cœur : la poitrine était froide et aucun mouvement ne répondit à la suprême interrogation de sa main tremblante.

Dona Sabina était bien morte cette fois, et son malheureux fils ne pressait plus contre son sein qu'un cadavre glacé.

A genoux près de sa mère, Fernando, l'œil fixe et la respiration haletante, demeura immobile, à son tour, comme si l'ange de la mort l'eût subitement touché du bout de son aile.

Sans voix et sans larmes, le jeune homme présentait l'apparence de la statue du désespoir muet.

Accablé sous le coup terrible qui le terrassait, lui qui, vingt mois auparavant, s'était trouvé déjà en présence du cadavre de son père assassiné dans la cour de la citadelle de Pampelune, Fernando contemplait la blessure béante qui séparait le front marbré de dona Sabina, comme il avait contemplé naguère les déchirures faites par les balles à la poitrine de don Urdova.

Seulement l'expression de la douleur n'était plus la même. En constatant la mort de son père, l'étudiant s'était senti pris de vertige, et il avait fallu la force musculaire de Zumala-Carregui pour l'arracher à ce spectacle effrayant.

Cette fois, en présence de sa mère morte, Fernando, le premier cri poussé, demeurait calme et presque résigné, mais sous ce calme apparent, sous cette résignation qui pouvait tromper un œil indifférent, on devinait l'orage épouvantable qui ébranlait cette âme si cruellement éprouvée déjà, on lisait facilement ce qui se passait dans ce cœur pressuré par le désespoir.

Andrès, aussi immobile et aussi muet que son ami, était venu s'agenouiller de l'autre côté du cadavre.

De grosses larmes s'échappaient de ses yeux rougis et sillonnaient son visage bronzé par le soleil.

Mochuelo, debout, appuyé sur le canon de sa carabine, n'osait faire un mouvement, dans la crainte de troubler le lugubre silence qui régnait dans la chambre.

Le bruit seul de l'incendie activé par le vent mugissait au dehors.

Éclairée par le reflet des flammes, cette scène offrait un tableau impossible à rendre dans toute son horreur.

Tout à coup la brise passant par rafales, redoubla d'intensité et de force.

Un coup de vent plus violent que les précédents entra par les fenêtres aux vitres brisées et tourbillonna dans la chambre mortuaire, chassant devant lui les papiers épars.

En même temps les flammes de la maison voisine, se couchant sous l'action de la brise, vinrent lécher de leurs langues aiguës la porte même de l'habitation.

Mochuelo repoussa du pied les feuilles blanches qui avaient voltigé jusqu'à lui, puis ses yeux devinrent fixes, s'attachèrent sur un papier qui paraissait plus froissé que les autres, et il se baissa précipitamment pour le ramasser.

Quelques lignes étaient tracées sur ce papier.

A peine les eût-il parcourues du regard, qu'il fit un pas vers Fernando, qui avait conservé la même position et la même immobilité, et lui présenta le papier sans mot dire.

Le jeune homme le prit et le lut à son tour.

CHAPITRE SEPTIEME.

VII

Le vœu.

Andrès, qui s'était penché vers son ami, poussa un cri.

« L'écriture de ta mère, dit-il. Je la reconnais.

— Oui, répondit Fernando ; et voici ce que ma mère a tracé quelques secondes sans doute avant sa mort. »

Et le malheureux fils lut à haute voix :

Je meurs assassinée par don Ramero y Puelès, le meurtrier de mon mari, le frère de mon gendre. Cet homme veut tuer mon fils. Protégez Fernando, si vous n'avez pas oublié la mère....

Puis, au-dessous de ces lignes écrites par une main tremblante et qui avait dû interrompre bien des fois sa tâche, s'il fallait en juger par l'inégalité des caractères, étaient deux ou trois mots commençant une phrase inachevée.

Mais ces quelques mots étaient tracés par des doigts tellement défaillants, qu'ils devenaient complétement illisibles.

Sans doute l'agonie avait surpris la pauvre femme au moment où elle essayait de rappeler ses forces épuisées pour écrire encore.

C'est ce qui expliquait la plume demeurée dans sa main glacée, et la chute de la petite table à laquelle elle avait évidemment essayé de se cramponner.

Fernando, après avoir lu la lettre, la plia, la mit dans sa ceinture et se releva sans prononcer une parole.

« Eh bien? fit Andrès inquiet de cet étrange silence, qui s'alliait si mal avec le terrible événement.

— Eh bien, répondit Fernando d'une voix parfaitement calme, don Ramero y Puélès a fait tuer mon père, il a assassiné ma mère, son frère torture ma sœur, et il veut me tuer...

— Alors? ajouta Andrès en voyant son ami s'arrêter.

— Alors, reprit lentement Fernando, c'est désormais une partie de vie et de mort entre moi, lui et les siens. Il me semble que c'est facile à comprendre.

— Je serai ton second, dit vivement Andrès, car j'aime toujours ta sœur.

— J'accepte, fit l'aide de camp de Zumala-Carregui, en laissant tomber sa main dans la main ouverte que lui tendait Andrès.

— Partons, il n'est que temps! dit vivement Mochuelo; la maison s'embrase et va s'écrouler sur nous.

— Attends, » dit Fernando.

Et, se baissant, il enleva le corps de sa mère dans ses bras nerveux.

« Venez! » ajouta-t-il en s'élançant au dehors avec son funèbre fardeau.

Ainsi que l'avait dit Mochuelo, il était temps de quitter la demeure de dona

Sabina, car à peine les trois hommes eurent-ils atteint le jardin, que la maison disparut dans un tourbillon de flammes.

On eût dit que le feu n'attendait que leur départ pour s'emparer de sa proie.

Une fois dans le jardin, Fernando se dirigea, toujours portant le cadavre de dona Sabina, vers le pied du mur avoisinant l'église.

Là il déposa doucement le corps sur le sol.

La chaleur causée par la proximité des maisons en combustion devenait de minute en minute plus intolérable; mais ni Fernando ni ses compagnons ne paraissaient y apporter la moindre attention.

A quelque distance, et le manche appuyé contre le tronc d'un arbre, se dressait une bêche, laissée là probablement par le jardinier officieux qui soignait le jardin de doña Sabina.

Fernando se dirigea vers l'arbre,

s'empara de l'instrument aratoire et revint près de l'endroit où il avait déposé le corps de sa mère.

Alors il se mit en devoir de creuser le sol.

Andrès et Mochuelo, comprenant sa pieuse intention, voulurent lui prêter leur aide.

Fernando refusa.

« Non, dit-il, j'accomplirai seul cette tâche douloureuse. C'est la première partie du vœu que je viens de prononcer sur le cadavre de ma mère. Laissez-moi, mes amis, éloignez-vous ! »

Les deux hommes, obéissant sans répondre, se retirèrent à l'extrémité opposée du petit jardin.

Fernando continua son œuvre.

Quand la fosse fut creusée, le jeune homme reprit le corps, baisa sur son front sanglant celle dont la dernière pensée avait encore été pour lui, et descendit le cadavre dans le trou profond qu'il venait d'achever.

Puis la morte déposée sur sa couche funèbre, il remonta à la surface de la fosse, s'agenouilla sur le bord et parut s'abîmer dans une prière ardente.

Enfin, se relevant lentement, il rejeta la terre fraîchement remuée sur le cadavre.

Bientôt le corps disparut aux yeux du jeune homme, et lui sembla redoubler d'ardeur.

La fosse comblée, Fernando s'agenouilla de nouveau et pria encore.

Alors, se relevant pour la seconde fois, il s'adossa au mur, à la tête même de la tombe, et marcha d'un pas ferme vers un chêne gigantesque planté en droite ligne en face de lui.

Il compta les pas : dix séparaient l'arbre de la fosse que la terre nouvellement retournée indiquait seule à l'œil.

Prenant son couteau, il grava une croix dans l'écorce, précisément à l'endroit où aboutissait le dernier pas.

Puis il fit signe à ses compagnons de

venir le rejoindre : ceux-ci avancèrent vivement.

« Où avons-nous laissé les chevaux? demanda Fernando.

— Là-bas, à l'entrée du village, répondit Mochuelo.

— Eh bien, partons! »

Mochuelo fit un pas en avant, Andrès arrêta Fernando.

« Que veux-tu? » demanda celui-ci d'une voix brève.

Andrès désigna du geste la tombe abandonnée.

« Une croix! » dit-il doucement.

Fernando lui saisit le bras.

« Cette croix, fit-il avec une expression d'une énergie et d'une résolution effrayantes, cette croix, je la poserai moi-même, mais pas aujourd'hui. Cette croix ne sera pas en bois comme celle que tu voudrais y mettre, elle sera en pierre, et sa hauteur dépendra du nombre de ceux qui, en Espagne, portent le nom de Ramero y Puelès!

— Comment? dit Andrès avec étonnement.

— Ecoute! Il y a un an, après le meurtre de mon père, j'ai fait un serment de mort déjà. La nuit dernière, en t'écoutant à propos de ma sœur, j'en fis un second, et jusqu'à cette heure ces deux serments sont demeurés stériles. Eh bien! ces deux serments je viens de les réunir dans un même vœu, et ce vœu sera accompli si Dieu ne me retire pas l'existence avant le jour où je l'aurai rempli.

— Et ce vœu, puis-je le connaître?

— Ce vœu! s'écria Fernando en donnant enfin un libre cours à la rage et à la douleur qui l'oppressaient, ce vœu! oui, Andrès, tu dois le connaître, car si je viens à mourir avant de l'avoir accompli, il faut que tu me jures de le poursuivre jusqu'à son point extrême. Ecoute, ami, le voici.

J'ai fait serment sur ma mère morte, sur ma mère assassinée, de poursuivre sans relâche et sans pitié don Ramero et les siens.

A chacun de ceux que je frapperai, j'apporterai ici une pierre, et lorsque la dernière sera apposée sur le faîte de cette pyramide de vengeance, le nom des Ramero y Puelès, des bourreaux de ma famille, n'existera plus en Espagne.

Oui! continua-t-il avec un paroxysme d'énergie sauvage, oui! dussé-je étouffer l'enfant dans son berceau et frapper le vieillard sur le bord de sa tombe, je serai sans trêve et sans merci !

Mon bonheur est mort à jamais, il aura de belles funérailles ! »

En parlant ainsi, Fernando s'était redressé de toute la hauteur de sa taille, et, la tête rejetée en arrière, le bras étendu, l'œil ardent, la poitrine gonflée, il semblait le génie de la vengeance fait homme.

« Seras-tu toujours mon second ? demanda-t-il.

— Oui, j'ai juré ! répondit simplement Andrès.

— Alors, je le répète, partons !

— Partons ! fit Mochuelo en franchissant la haie; le général doit nous attendre.

— Je ne retourne pas auprès de Zumala-Carregui, » dit le jeune homme.

Mochuelo et Andrès firent le même geste d'étonnement.

« Je vais rejoindre don Ignacio! ajouta Fernando.

— Don Ignacio? répéta Andrès, le terrible guerillero?

— Oui.

— Pourquoi?

— Parce que Ignacio a été lié jadis avec don Ramero et qu'il me mettra mieux qu'un autre sur la piste que je veux suivre en me donnant les renseignements qui m'empêcheront de m'égarer.

— Mais Ignacio n'est-il pas auprès de Zumala?

— Non; il est parti avant-hier pour aller rejoindre les guerilleros de Merino et de Cuevillas.

— Alors, nous allons?...

— Dans les gorges du Somo-Sierra!

— Mais, fit observer Andrès, tout le pays que nous avons à traverser est gardé par les troupes royales.

— Qu'importe! nous le traverserons!

— Le général croira que nous sommes morts ou que nous avons trahi, dit de son côté le vieux soldat.

— Tu es libre de retourner auprès de Zumala-Carregui et de le tranquilliser à cet égard.

— Vous quitter, moi? s'écria Mochuelo, vous m'en donneriez l'ordre que je n'obéirais pas.

— Alors, pas de réflexions inutiles... Partons!

— Voici les chevaux! »

Et comme les trois hommes atteignaient l'extrémité d'Adrian, c'est-à-dire l'entrée du village dévasté, Mochuelo courut vers les chevaux basques qui, attachés assez loin de l'incendie, semblaient attendre cependant impatiemment leurs cavaliers et être empressés de quitter le voisinage des flammes, dont la vue paraissait avoir le privilége de surexciter outre mesure leur système nerveux.

Fernando et Andrès s'élancèrent en

selle : Mochuelo reprit son poste ordinaire.

Puis, le jeune homme se retourna, jeta un dernier regard sur la plaine embrasée, étouffa un soupir, essuya une larme et rendit la main à sa monture qui partit au galop.

Andrès et Mochuelo le suivirent.

CHAPITRE HUITIÈME.

CHAPTER SEVENTH.

VIII

La guerilla de Cuevillas.

Il faut maintenant, pour l'enchaîne-
ment de notre récit, que nous abandon-
nions nos trois aventuriers, Fernando,
Andrès et Mochuelo, courant sur cette

route rocheuse qui suit les rives de l'Arga, pour retourner dans ces gorges sauvages où la guerilla de Cuevillas avait arrêté don Horacio Ramero y Puelès, le frère de l'assassin de dona Sabina, sa femme, la pauvre sœur de Fernando, le senor Alonso, l'infortuné compagnon de voyage du colonel, et le caballero Rodolfo, cette espèce de mécanique articulée, n'émettant jamais d'autre son qu'une sorte de grognement sourd et que nous avons jadis présenté à nos lecteurs dans la cour du *Parador de las Diligencias*, à Castillejo, lors de la fameuse discussion entre le mayoral et le zagal à propos de l'attelage des mules.

Les guerilleros de Merino et ceux de Cuevillas, embusqués dans les défilés de la Sierra de Guadarrama et dans les gorges de la Sierra de Muedo, occupaient toute la chaîne des montagnes s'étendant de l'ouest à l'est et séparant la Vieille-Castille et l'Aragon de la Castille-Nouvelle, coupant ainsi les communications entre l'armée active de la régente, lancée à la poursuite des carlistes, et le siége du gouvernement espagnol.

Aussi était-il difficile, sinon impossible, soit à un courrier, soit à une diligence, soit à un petit détachement quittant Madrid pour se diriger sur Valladolid, sur Aranda, sur Pampelune ou sur Saragosse, de traverser la Sierra sans tomber entre les mains des vigilants et infatigables partisans de don

Carlos, tant était bien gardée cette ligne de passage qui s'étend depuis les sources du Duero, dans la Sierra de Moncayo jusqu'au grand Lion de granit, qui sépare la Castille-Vieille de la Nouvelle et qui se dresse au versant sud de la montagne, précisément au-dessous de cette roche fameuse que la tradition prétend être l'endroit où s'asseyait Philippe II pour regarder à quel point en étaient les travaux de l'*Escurial*, ce qui, soit dit en passant, si la tradition n'est pas apocryphe, devait prouver d'une façon toute péremptoire en faveur de la bonté des yeux du monarque extra-catholique.

Garder ainsi une étendue de près de cinquante lieues avec moins de dix mille hommes, et au milieu d'un pays n'offrant aucune ressource, n'était pas chose aisée, on en conviendra; aussi fallait-il l'énergie, l'activité, l'intrépidité de deux chefs comme Mérino et Cuevillas pour parvenir à être à la fois partout et à toute heure.

Nos lecteurs connaissent le curé Merino, que nous lui avons présenté à Pampelune dans la chambre de Zumala-Carregui, durant cette nuit du 16 octobre de l'année précédente qui vit mourir le père de l'étudiant Fernando, et naître la grande ligue formée en faveur du prétendant.

Quant à Cuevillas, à peine l'avons-nous entrevu lors de l'arrestation de la diligence, après le combat livré au colonel Horacio et à ses soldats.

Cuevillas, ancien guerillero de l'armée de la Foi, était admirablement créé pour le genre de guerre qu'il pratiquait alors et qu'il avait avantageusement pratiqué jadis.

Intrépide, audacieux, cruel, ne reculant devant aucun cas de conscience lorsqu'il s'agissait de servir la cause qu'il avait embrassée, il adjoignait à ces qualités morales si précieuses pour un chef de parti une constitution physique que rien ne pouvait altérer.

Jouant constamment le tout pour le tout et accompagné presque toujours par une bonne chance incroyable, il possédait sur ses soldats un ascendant que justifiaient ses nombreux succès.

Zumala-Carregui faisait le plus grand cas de cet auxiliaire, passé maître en coups de main réputés impossibles, et qui offrait le digne pendant de son trop célèbre ami le curé Merino.

Aussi, et nous en avons vu l'exemple dans le troisième chapitre de cette seconde partie, la Sierra était-elle bien gardée.

Pour la traverser sans encombre, il fallait un véritable corps d'armée. Alors les guerilleros, convaincus d'avance qu'ils ne pourraient lutter avec le nombre, se contentaient de harceler les corps isolés sans essayer de s'opposer au passage.

Cette ligne formidable de sentinelles

avancées de l'armée carliste avait déjà causé les plus grands préjudices aux troupes de la régente, qu'elle isolait souvent dans les provinces du nord toutes dévouées au prétendant, et qu'elle privait constamment de communication avec la cour établie à Madrid ou à Aranjuez.

A l'époque où nous reprenons notre récit, c'est-à-dire huit jours environ après l'incendie d'Adrian par le commandant Ramero y Puelès, et huit jours par conséquent après l'attaque de la diligence dans les gorges de Somo-Sierra (puisque ces deux événements principaux de notre histoire s'étaient accomplis presque simultanément, à la même heure sur deux points différents de la terre d'Espagne), à cette époque, disons-nous, les bandes victorieuses de Cuevillas et de Merino s'occupaient à réunir leurs forces sur un même point pour de à descendre comme une avalanche sur les flancs sud de la Sierra et pousser une incursion jusque sur le seuil de la Castille-Nouvelle.

Or, ce point de réunion était précisément ces mêmes gorges de Somo-Sierra où nous avons fait précédemment pénétrer le lecteur.

On se souvient sans doute de la terreur inspirée au pauvre compagnon de route du colonel, le timide senor Alonso, par l'aspect de ces défilés sombres et de ces roches inaccessibles qui coupaient ou hérissaient le chemin suivi par la diligence.

La nuit, il est vrai, a le privilége de montrer les choses sous leur côté le plus sinistre, et le senor Alonso, ainsi qu'il l'avouait lui-même, n'avait aucune prétention à la bravoure, mais cependant la frayeur du digne homme n'était pas tout à fait exempte d'excuses, et plus d'un cœur ferme se fût senti alarmé, à la place du voyageur, en suivant ces mêmes pentes arides et rocheuses qui serpentaient dans la Sierra comme la trace d'une vipère noire dans les forêts de Java.

Cette fois c'est en plein jour que nous pénétrons dans ces gorges sauvages, et leur aspect n'est pas moins saisissant sous le feu des rayons du soleil que sous la pâle clarté du scintillement des étoiles.

Partout, dans cette partie de la Sierra, le chaos est tel qu'on dirait se trouver au milieu des ruines d'une cité cyclopéenne détruite par quelque convulsion de la nature.

Devant, derrière, à droite, à gauche, au sud, au nord, à l'est, à l'ouest, s'élèvent fièrement des quartiers de grès affectant des formes architecturales et découpant sur le ciel des silhouettes de Babels fantastiques.

Ici, une pierre plate tombée en travers sur deux autres roches, simule à s'y méprendre des *pulven* et des *dolmen* druidiques.

Plus loin, une suite de pitons en forme de fûts de colonnes, représente des portiques et des propylées.

D'autre fois c'est une véritable mer avec ses vagues convulsives, un océan de grès figé au moment de sa plus grande fureur.

Le ton gris bleu de ces roches augmente encore la singularité de la perspective.

A chaque pas, des interstices de la pierre jaillissent en bruine vaporeuse ou filtrent en larmes de cristal des sources d'eau claire, qui, s'amassant plus loin dans des creux, forment de petits lacs bordés d'un gazon couleur d'émeraude et enchâssés dans un cercle d'argent fait par la neige qui a résisté aux rayons du soleil.

Puis, de toutes parts, ce sont des torrents qui roulent, bondissent, écument et bruissent, de ces ponts de pierre sèche si fréquents en Espagne qui enjambent un précipice où relient deux pics brusquement écartés.

Enfin, des escarpements, des ondulations, des tons et des formes dont aucun art ne peut donner l'idée, non plus que la plume et le pinceau.

Çà et là, au bord des sentiers, on rencontre de petits monticules de cailloux, surmontés d'une croix, c'est le monument funèbre de quelque pauvre diable qui a fini ses jours sous le couteau d'un bandit ou sous la balle d'un partisan.

Pour toute végétation, quelques plantes rampantes luttant péniblement contre la neige dans ces régions élevées, ou bien quelques sapins gigantesques mordant de leurs racines la Sierra dénudée.

Sous les pieds un sol aride, tantôt glissant, uni comme un miroir, tantôt rocailleux et hérissé d'aspérités aux pointes tranchantes.

Sur la tête, pendant quatre mois de l'année, un soleil digne de la zone torride, qui brûle et qui dévore, réfléchissant ses ardents rayons sur le roc d'où se dégagent des effluves brûlantes à faire paraître supportable le sirocco du désert, puis, pendant l'hiver, le printemps et une partie de l'automne, une brise du nord, desséchant tout sur son passage, et apportant sur ses ailes la glaciale température de la Sibérie asiatique.

Et maintenant si l'on a suivi cette description qui, nous l'affirmons avec connaissance de cause, n'est pas menteuse, on aura une idée assez juste de cette Sierra occupée par les *guerilleros* carlistes et l'on se montrera moins sévère pour la pusillanimité dont avait fait preuve le senor Alonso, alors qu'il suppliait le colonel de ne pas s'aventurer la nuit dans ces chemins rendus plus dangereux encore par la proximité des bandes de Cuevillas.

Le soleil, au premier tiers de sa course, éclairait les hautes cimes de la montagne, qui scintillaient et fourmillaient sous ses rayons comme des basquines de danseuses sous leur pluie de paillettes d'argent.

L'air était vif et pur : le vent, soufflant du nord-est, emportait sur son passage des feuilles chargées de givre qui s'en allaient rouler en voltigeant au fond de quelques précipices, ou qui s'incrustaient sur un tapis de neige.

Le quartier général, choisi par Cuevillas dans les gorges de Somo-Sierra, était situé sur un plateau dominant la route, au-dessus de l'endroit où le colonel était tombé blessé.

L'aspect du campement des guerilleros offrait à l'œil un spectacle étrange.

Rien de plus simple et de plus primitif que ce campement.

Il était situé, avons-nous dit, sur un plateau au sommet de la montagne.

Un côté de ce plateau était à ciel découvert et bordé par un escarpement qui, tombant à pic, formait une haute muraille le long de la route tracée en contre-bas.

En face de cet escarpement se dressait une roche énorme, abritant le plateau du vent glacial du nord.

A droite, une sorte de caverne profonde, dont l'excavation faisait la tête d'un étroit sentier, lequel, taillé dans le roc comme un escalier en colimaçon, descendait jusque sur la route.

C'était par ce sentier que s'était élancé le *zagal*, et c'était sur sa première marche que Rodolfo avait tué le conducteur infidèle.

A gauche s'étendait un précipice d'une profondeur effrayante, et au fond duquel roulait un torrent dont les ondes écumantes et furieuses bondissaient sur une pente rapide et s'élançaient en cascade bruyante dans un lit resserré.

Au centre se trouvait l'un de ces charmants petits lacs dont nous avons parlé.

L'étendue du plateau pouvait être

d'environ cinquante mètres de large sur deux cents mètres de long.

Sur ce terrain, dessiné en parallélogramme, campaient cent cinquante *guerilleros*.

Ces cent cinquante hommes formaient le cœur de la *guerilla* : c'étaient les gardes du corps de Cuevillas, ses séides, ses dévoués, ceux qui avaient toute la confiance du chef et qui ne connaissaient pas d'autre parti que le sien.

Choisis parmi les plus braves, les plus

forts et les plus intrépides, ces hommes, habitués à tous les dangers et à toutes les privations, étaient sans cesse les premiers à l'attaque et les derniers à la retraite.

Leur physionomie bronzée, leurs traits fortement accusés, leur maigreur presque générale, leurs muscles saillants, leurs regards hardis et cruels, leurs vêtements en lambeaux indiquaient suffisamment et l'énergie de leur caractère et les souffrances qu'ils enduraient avec cette stoïcité et cette indifférence que tout bon Espagnol a dans l'âme à l'endroit des choses de la terre.

Bon nombre portaient sur leur figure cuivrée des traces de blessures, soit récentes, soit anciennes, qui attestaient suffisamment la part qu'ils prenaient lorsqu'une action était engagée.

Pas une tente, pas un abri ne se voyait sur le plateau. Un feu de bois mort, qui brûlait languissamment près du petit lac, détachait en spirale capricieuse sa fumée grisâtre.

Une soixantaine de *guerilleros*, embossés dans leurs capes déchiquetées, étaient étendus sur le sol et dormaient, la carabine couchée à leur côté et le couteau accroché à la ceinture.

D'autres, assis autour du feu, roulaient amoureusement le *papelito*, ne laissant d'intervalle entre deux cigarettes que le temps nécessaire pour en confectionner une troisième.

Quelques-uns déjeunaient frugalement d'un morceau de pain noir et d'un oignon cru, se désaltérant avec l'eau du lac.

Quatre sentinelles, placées aux quatre angles du plateau, veillaient immobiles, l'œil attentif et l'oreille au guet.

Près de l'ouverture de la grotte dont nous avons parlé se tenait, isolé des autres, un personnage de haute taille, au regard d'oiseau de proie, au profil vigoureux, à l'aspect d'un soldat intrépide, au front intelligent et à la lèvre dédaigneuse.

Cet homme était Cuevillas, le chef de la *guerilla*.

Revêtu d'un costume semblable à celui de ses soldats et pour le moins tout aussi délabré, il ne portait rien qui décelât son autorité.

Assis sur un quartier de roc renversé, fumant gravement, sa carabine posée entre les jambes, Cuevillas paraissait réfléchir profondément.

De temps à autre seulement, son regard, fixé sur la montagne, s'abaissait vers l'extrémité opposée du plateau et s'arrêtait sur un groupe composé de trois hommes et d'une femme qui se tenaient silencieux sous la surveillance de deux *guerilleros*.

C'étaient les prisonniers de la diligence que, par un motif que nous connaîtrons bientôt et contrairement à ses habitudes de meurtre, Cuevillas avait épargnés jusqu'alors. Le colonel, blessé, on s'en souvient, en se défendant contre l'attaque des carlistes dont il voulait forcer la ligne, le colonel portait le bras droit en écharpe : le gauche était solidement attaché au corps et dans l'impossibilité de tenter un mouvement.

Rodolfo et Alonso avaient les deux mains liées derrière le dos.

Inès était libre.

La pauvre enfant portait sur sa ravissante figure les traces de ses douleurs morales et de ses souffrances physiques.

Son front plissé affectait des rides précoces que repoussait la pureté nacrée de ses tempes.

On comprenait cependant que la peur des traitements horribles, auxquels les *guerilleros* condamnaient ordinairement les femmes de leurs ennemis, n'avait pu abaisser l'orgueil de la jeune femme.

Ses prunelles noires lançaient des

regards assurés sur ceux qui l'entouraient.

Inès ne craignait pas la mort : elle l'eût vu venir sans effroi, car cette mort l'eût arrachée à l'existence de douleur qui lui était imposée.

Don Horacio Ramero y Puelès était brave, ainsi que nous avons été à même de le juger lors de sa rencontre avec Cuevillas.

Résigné en apparence au sort qui l'attendait, étonné seulement qu'on prolongeât ainsi ses jours, il envisageait froidement la situation, pesant tour à tour les bonnes et les mauvaises chances et ne perdant pas tout espoir d'évasion ou de délivrance.

Rodolfo, plus muet que jamais, semblait plutôt une statue de granit qu'un homme de chair et d'os.

Quant à Alonso, sa contenance était toute différente de celle de ses compagnons.

Le pauvre homme avait tant crié, tant

gémi, tant pleuré, tant supplié durant les premiers jours, que la voix avait fini par ne plus pouvoir s'échapper du larynx.

Pensant avec raison, il faut l'avouer, que sa dernière heure allait bientôt sonner, il tremblait de tous ses membres chaque fois qu'il voyait un guerillero jeter un regard sur lui ou faire un pas dans sa direction.

Mais la voix lui faisant défaut pour exhaler ses frayeurs et ses chagrins, force lui était d'avoir recours aux soupirs qui s'échappaient de sa poitrine avec une puissance indiquant l'excellente constitution physique du malheureux señor.

Le mutisme particulier aux Orientaux est également un trait du caractère du peuple espagnol lorsque de graves circonstances le menacent.

Depuis une heure, un silence profond régnait dans le campement, silence que troublaient seuls le vent du nord sifflant dans la montagne et les soupirs du senor Alonso.

De grands nuages blancs couraient dans le ciel, tantôt rasant la cime des montagnes, tantôt l'enveloppant dans un voile de brouillards.

Don Horacio, toujours absorbé dans ses réflexions profondes, semblait avoir oublié et le lieu et les circonstances dans lesquelles il se trouvait.

Son œil vitreux parcourait lentement

l'horizon, et de temps à autre s'attachait sur Inès avec une fixité qui fatiguait la jeune femme.

Inès alors détournait doucement la tête, voulant évidemment se soustraire à ce regard pour ainsi dire rivé sur son visage; et chaque fois qu'elle accomplissait ce mouvement décelant une aversion invincible, l'œil du colonel s'enflammait, et ses épais sourcils se rapprochaient avec une contraction menaçante.

Enfin la jeune femme prit le parti de ramener sur son front tout un côté de sa mantille.

Don Horacio, oubliant qu'il avait la main gauche liée, fit un geste si brusque que les cordes qui le retenaient lui entrèrent dans les chairs.

La douleur avait dû être atroce. Cependant ses traits ne parurent nullement altérés. Il était évident que la pensée dominait la matière.

Se levant doucement, il s'approcha de la pauvre enfant et vint s'asseoir près d'elle.

Inès ne parut pas avoir remarqué ce mouvement.

« Inès! » fit à voix basse l'officier de l'armée royale en se penchant vers la charmante créature.

Inès tressaillit, mais elle ne se retourna pas.

« Inès! répéta le colonel, vous me haïssez donc bien? »

La jeune femme ne répondit pas, mais son visage prit une expression indéfinissable de mépris et de dégoût.

« Inès! dit pour la troisième fois don Horacio en se rapprochant encore. Répondez-moi, je vous en prie! Il est probable que nous allons bientôt mourir; n'aurez-vous donc pas pitié, au dernier moment de notre existence à tous deux, de l'amour que vous m'avez inspiré, et quitterai-je ce monde sans avoir même obtenu un sourire de votre bouche? »

CHAPITRE NEUVIÈME.

IX

Eusebio.

Inès se retourna brusquement et rejeta en arrière le pan de sa mantille.

« Un sourire à vous, dit-elle, à vous qui ne m'avez apporté que les chagrins et le malheur, à vous qui avez brisé ma vie? Je voudrais vous pardonner que je ne le pourrais pas. Nous allons mourir? dites-vous. Tant mieux! Ce moment fatal, je l'appelle de tous mes vœux! La mort est un bienfait, puisqu'elle va me délivrer de votre présence. »

Le colonel baissa la tête, et un éclair de rage s'échappa de ses yeux.

« Quoi, dit il, toujours le même sentiment?

— Et quels autres pourriez-vous donc

m'inspirer? demanda Inès avec un regard accablant. Quels autres sentiments mérite votre conduite, si ce n'est celui de la haine et celui du mépris? Rappelez-vous donc ce que vous et les vôtres avez fait à moi et aux miens ! Vous avez lâchement, perfidement conduit Fernando, mon frère, vers l'abîme dans lequel il est tombé; vous avez mis mon père dans la nécessité d'opter entre le déshonneur de son nom et le malheur de sa fille; vous m'avez arrachée violemment des bras de ma famille; vous vous êtes dressé comme un mauvais génie entre mon amour et celui d'un homme auquel j'étais fiancée...

— Ne dis pas cela, Inès! ne dis pas cela! interrompit le colonel dont les dents grincèrent de rage. Ne dis pas que tu en as aimé un autre...

— J'ai aimé Andrès et je l'aime encore! dit nettement la jeune femme.

— Oh! cet homme! murmura don

Horacio; je n'ai pu le joindre, je n'ai pu le tuer!

— Oui, et cependant vous avez tout fait pour cela. Non content d'avoir détruit à jamais mon bonheur et celui des miens, non content d'avoir vu mon père assassiné par votre frère, vous vouliez encore frapper celui dont le doux souvenir vivra éternellement au fond de mon cœur; mais Dieu est juste, don Horacio, Dieu n'a pas permis que vous accomplissiez ce nouveau crime, et il m'a placée à côté de vous comme le châtiment à côté du coupable! Oh! je sais tout ce qui se passe en vous. Lorsque vous m'avez contrainte par une violence morale, ignoble et sans nom à vous donner ma main, vous ne m'aimiez pas. Vous obéissiez alors à un sentiment dont je n'ai jamais pu connaître la cause; mais le Seigneur m'a faite belle pour vous faire expier votre conduite infâme... vous m'avez aimée plus tard...

— Oui je t'ai aimée et je t'aime, dit le colonel d'une voix passionnée, tandis que ses yeux couvraient la jeune femme d'un ardent regard. Oui, je t'aime, toi Inès, toi ma femme...

— Et moi je vous méprise et je vous hais! interrompit Inès. Je vous méprise parce que vous avez été lâche envers moi; je vous hais parce que vous avez été, sinon la cause, puisque j'ignore le motif qui vous a poussé, mais l'instrument des douleurs de ma famille.

— Quoi! au dernier moment ne me pardonneras-tu pas?

— Jamais!

— N'auras-tu pas pitié de mes maux? car je souffre à mon tour.

— Jamais! » répéta la jeune femme avec un accent tellement énergique, que don Horacio baissa de nouveau le front sans oser regarder sa compagne.

Un long silence suivit ces paroles, puis le colonel se rapprocha encore.

« Écoute, dit-il, tu es jeune, tu es

belle. A ton âge on doit tenir à la vie.
Tu te crois perdue sans ressources et le
désespoir te trouble l'esprit. Eh bien ! si
tu le veux tu ne mourras pas ; si tu le veux,
tu échapperas au sort qui t'attend. Oui !
j'ai trouvé un moyen certain de délivrance. Tout à l'heure sans doute, ces
hommes qui nous entourent vont vouloir
nous fusiller avant de quitter ce campement qu'ils doivent abandonner, je le
sais, car ils ne peuvent nous emmener
avec eux, et nous les gênerions dans

l'expédition qu'ils méditent et dont j'ai surpris quelques indices. Eh bien! au moment même où leurs carabines menaceront nos poitrines, si tu veux m'aimer, je te sauverai, je te le jure!

— La vie à ce prix? dit Inès; je refuse!

— Inès!

— Je refuse, répéta la jeune femme en accentuant énergiquement ses paroles. Vienne la mort, je vous l'ai dit, je la recevrai avec joie. Mieux vaut le repos éternel que la torture de chaque heure ! Assez, don Horacio ! je ne veux plus vous écouter. Nous n'avons que quelques minutes à vivre peut-être, épargnez-moi du moins le dégoût de vous voir et de vous entendre. »

Et se levant brusquement, Inès fit quelques pas pour s'éloigner de son mari.

Celui-ci se laissa retomber sur le sol.

« Oh ! fit-il avec une expression de

physionomie effrayante, j'ai bien fait de la torturer jadis, je me suis vengé d'avance, et mon frère a raison : cette famille est née pour notre malheur à tous. Lui la mère, moi la fille ! Et de toutes deux haine et mépris pour amour ! »

En ce moment l'une des sentinelles, celle placée à l'angle gauche du plateau, fit entendre un cri d'appel, sorte de grognement guttural particulier aux montagnards espagnols.

En un clin d'œil les guerilleros furent debout, la carabine au poing.

« Qu'y a-t-il? » demanda Cuevillas en se levant et en se rapprochant de la sentinelle.

Le partisan désigna du doigt l'horizon qui s'étendait à ses pieds.

Cet horizon était immense et véritablement admirable dans son étendue et dans son aspect.

Du point où elle se trouvait, la sentinelle dominait tout le versant sud de la

Sierra, et sa vue embrassait une partie des plaines de la Castille-Nouvelle.

Une suite de pics allant en déclinant semblaient former un escalier naturel dont la dernière marche aboutissait au premier plan de la montagne.

Un sentier, le seul praticable de ce côté du plateau, suivait ces plis élevés, sur le sommet desquels il se dessinait comme un ruban étroit et sombre sur un fond clair.

Le soleil, inondant la plaine d'un flot

de lumière, montrait ce vaste désert de la Castille-Nouvelle, au centre duquel est construit Madrid dans toute son aridité, sa sécheresse et sa désolation.

L'Espagne fertile, à la terre prodigue, aux forêts puissantes, aux bois d'orangers, aux cours d'eaux majestueux, l'Espagne enfin tel que l'a décrit le poëte, telle que la rêve l'œil qui ne l'a pas vue, n'existe réellement que dans l'Andalousie, ce vaste paradis terrestre, pour la possession duquel tant de sang a coulé que l'on se demande parfois, en contemplant ses panoramas magiques, si ce n'est pas tout ce sang répandu qui a vivifié le sol.

Dans les provinces du nord, l'Espagne est sauvage; dans celles du centre, elle est désolée.

La Castille-Nouvelle surtout, ce cœur de la péninsule, offre le navrant spectacle d'une stérilité dont rien n'approche.

Pas un arbre, pas une goutte d'eau,

pas une plante verte, pas une apparence d'humidité, rien que du sable jaune et des roches gris de fer, une nature morte d'un aspect saisissant.

De loin en loin, perdus dans ce désert couleur safran, un clocher noir qui perce l'horizon de sa flèche carrée, une *centa* poussiéreuse placée sur le bord d'une route, comme un bandit à l'affût du voyageur, de grosses pierres entassées au bord du lit d'une rivière sans eau.

Puis, essayant d'animer cette solitude, çà et là de grands bœufs traînant un chariot à roues pleines et tournant avec l'essieu, jetant dans l'air un bruit étrange, enroué, agaçant, qui s'entend d'une demi-lieue, des Castillans à cheval ou à mule, avec la carabine à l'arçon, le sombrero sur les yeux et la mine farouche, des Valencianos avec leurs caleçons de toile blanche, leur mouchoir noué autour de la tête, leurs guêtres blanches brodées de bleu et sans pieds, des gitanos avec leur compagne, des maragatos en voyage avec leur costume du seizième siècle, ou bien encore des arrieros conduisant des convois de mules harnachées criardement avec leurs grelots, leurs longues franges et leurs couvertures bariolées, ou de longues files d'ânes portant de la paille hachée, ficelée avec des résilles de cordelettes, et suivant gravement l'âne coronel qui marche en tête avec son petit plumet ou son pompon, marque de sa supériorité et insigne de son grade.

Encore hommes, bêtes, ventas et clochers sont-ils tellement éparpillés dans cette mer de sable qu'ils disparaissent souvent au regard sous les vagues soulevées par le vent.

De l'endroit où était placé le guerillero en sentinelle, la distance et l'élévation ne lui permettaient de distinguer les voyageurs traversant le nord de la plaine que comme des atomes noirs disséminés sur un fond jaune.

Les croupes des montagnes, fuyant à ses pieds sur un plan décliné, mettaient entre lui et le sol de la Castille-Nouvelle une étendue suffisante pour arrêter les rayons d'un œil ordinaire : il fallait le regard d'un montagnard pour aller au delà.

L'endroit était donc admirablement choisi pour un campement de partisans, car toute surprise venant du sud était impossible, et tout le côté nord de la Sierra était gardé par les guerilléros.

Aussi, en apercevant d'abord un point noir traverser la plaine pour gagner le sentier de la montagne, la sentinelle, impassible, n'avait-elle pas daigné s'émouvoir, et ce ne fut que lorsque le point, grandissant à mesure que l'espace diminuait, lui permit de distinguer les formes d'un homme gravissant lentement les rocs escarpés, qu'elle poussa le cri d'alarme qui avait fait bondir les carlistes attentifs.

« Qu'y a-t-il ? » avait demandé Cuevillas en se rapprochant du soldat, et celui-ci, du geste, lui avait désigné l'homme s'avançant vers les gorges de Somo-Sierra.

Le chef des guerilleros se pencha sur l'abîme béant au-dessous de lui et concentra ses regards dans la direction indiquée.

« C'est Eusebio ! » dit-il en se retournant vers ses compagnons.

Presque au même moment le son

plaintif d'une corne arriva jusqu'au plateau.

« Réponds-lui, Paquo! » dit Cuevillas en s'adressant à l'un de ses hommes, celui-là même qui, lors de l'attaque de la diligence, avait, sur l'ordre de son chef, brisé d'un coup de carabine le poignet de don Horacio.

Paquo prit une corne attachée à sa ceinture et fit entendre un son semblable à celui qui venait de parvenir au sommet de la Sierra.

L'homme, qui suivait le sentier et qui s'était arrêté depuis quelques minutes, reprit sa marche plus rapidement encore qu'auparavant.

A mesure qu'il approchait, on pouvait distinguer ses traits et son costume.

Ses traits étaient ceux des montagnards basques dont ils avaient le caractère énergique, les lignes vives et accusées et le ton bistré. Le costume ressemblait en tous points à ceux des guerilleros du campement, c'est-à-dire à ceux des paysans castillans.

Arrivé au bas de la roche où veillait la sentinelle qui l'avait signalé, Eusebio se jeta à droite et, s'aidant des pieds et des mains, il escalada plutôt qu'il ne gravit un étroit sentier creusé dans le granit, sans doute par quelque torrent furieux contraint à se frayer un passage pour s'élancer dans la plaine.

Quelques secondes après, il se tenait debout en face de Cuevillas.

« Eh bien? fit celui-ci.

— J'arrive de Madrid, répondit Eusebio.

— Quand as-tu quitté la ville?

— Hier.

— A quelle heure?

— Au coucher du soleil.

— Et que disait-on?

— De nous personnellement ou des affaires publiques?

— De nous.

— Rien. On ne sait pas encore que

nous occupons toute la montagne, seulement on commence à s'étonner que les courriers de Mina n'arrivent plus.

— Ah! on s'étonne de cela? fit Cuevillas en haussant les épaules.

— Oui, capitaine.

— Ensuite?

— On dit que Valdès nous exterminera tous et qu'il l'a juré.

— Eh bien! il manquera à son serment. Après?

— Je n'ai plus rien appris. »

Cuevillas rapprocha ses épais sourcils.

« Pourquoi as-tu quitté la ville sans nouvelles? demanda-t-il avec colère. Ne t'avais-je pas donné l'ordre de ne revenir qu'avec des renseignements précis?

— J'ai quitté Madrid parce qu'un courrier expédié à Valdès sortait de la ville hier à cinq heures, répondit Eusebio sans paraître le moins du monde ému de la colère de son chef.

— Ce courrier eût été arrêté dans la montagne! dit Cuevillas.

— Non, capitaine, car à Madrid on commence à se défier, je vous l'ai dit, et le courrier avait ordre de passer par Daroca et Saragosse.

— Alors, tu l'as suivi ?

— Je l'ai suivi, rattrappé et devancé.

— De sorte que tu l'as attendu...?

— A la *fonda de la Amistad*, dont l'hôte est tout dévoué à la sainte cause.

— Et tu as les dépêches ?

— Oui, capitaine.

— Donne ! »

Eusebio fouilla dans la poche de sa veste et en retira un paquet cacheté qu'il remit à Cuevillas.

Celui-ci brisa les sceaux de cire rouge aux armes de la reine et se mit en devoir de déplier les papiers que contenait l'enveloppe, dont la suscription portait les noms de don Jeromino Valdès, lieutenant général de Sa Majesté catholique.

« Et le courrier? fit-il en s'arrêtant.

— Il est mort, répondit simplement Eusebio.

— Bien ! »

Cuevillas ouvrit les papiers et lut.

Ces dépêches avertissaient officiellement Valdès que la France allait envoyer au secours de l'armée de la régente 1,300,000 francs en argent, 25,000 fusils, des munitions et dix voitures chargées d'effets.

Cet important convoi devait arriver par le *Bastan*.

Cuevillas appela un guerillero.

« Prends ces papiers, dit-il, et cours au campement de Merino. Tu les lui remettras et tu ajouteras que demain nous pourrons descendre dans la plaine, qu'il le faut même, car nous n'avons plus de vivres. S'il te donne de nouveaux ordres, tu lui obéiras sans réserve, comme si tu faisais parti de sa guerilla. »

Le partisan prit la dépêche, jeta sa

carabine sur son épaule et s'élança par le sentier aboutissant à la grotte.

« Maintenant, dit Cuevillas en se retournant vers Eusebio, passons aux affaires particulières et dépêchons, car j'ai hâte de me débarrasser de ces prisonniers qui me gênent. As-tu pris des renseignements sur ce que peut nous révéler le colonel?

— Oui. Lui et son frère passent pour jouir de toute la confiance de Valdès. Celui-ci (et Eusebio désigna don Horacio), celui-ci devait être chargé d'une mission verbale pour le ministre.

— Bien! Il parlera, j'en fais mon affaire. Et l'autre?

— Le marchand?

— Oui.

— On refuse de faire la somme.

— Ah! l'on refuse! dit Cuevillas en rapprochant ses épais sourcils avec une expression menaçante.

— On refuse très-nettement.

— Amenez-moi ici ce paquet de graisse de Madrid, » reprit Cuevillas en désignant le malheureux Alonso.

CHAPITRE DIXIÈME.

X

La justice des guerilleros.

Les prisonniers placés à l'extrémité du plateau n'avaient pu rien entendre de la conversation précédente.

Trois guerilleros se dirigèrent vers eux.

En les voyant approcher, le colonel jeta sur eux un regard sombre; puis ce regard, se détournant vivement, passa rapide sur Inès, et plongea dans le torrent que l'on entendait mugir au pied de la roche.

Inès ne parut même pas remarquer le mouvement des partisans, et Rodolfo, plus impassible et plus muet que jamais, conserva à leur approche son flegme imperturbable.

Mais, si les deux hommes et la jeune femme paraissaient résignés au sort qui les attendait, il n'en était pas de même du pauvre senor Alonso.

En constatant que c'était bien vers lui que se dirigeaient les guerilleros, son corps fut saisi d'un tremblement convulsif, et ses soupirs se transformèrent en cris inarticulés.

« A moi ! au secours ! grâce ! pitié ! »

babutia-t-il en se débattant pour arracher les liens qui retenaient ses mains captives.

Deux des partisans prirent le senor Alonso chacun par un bras, et le mirent sur ses pieds à l'aide d'une vigoureuse secousse; puis le troisième, lui appuyant la crosse de sa carabine sur les reins, le poussa en avant.

« Si tu ne te tais pas, je te fais jeter dans le torrent, braillard maudit ! » s'écria Cuevillas en s'adressant à la malheureuse victime qui venait de tomber à genoux devant le chef des guerilleros.

Alonso retint dans sa gorge un dernier cri prêt à en jaillir.

« Ecoute, poursuivit le hardi partisan on t'a laissé la vie sauve jusqu'à ce jour à cause des superbes promesses que tu avais faites et que tu prétendais pouvoir remplir...

— Senor..... voulut commencer Alonso.

— Nous ne sommes point des bandits,

interrompit Cuevillas ; mais on n'achète pas des fusils sans argent pour les payer, et nos coffres sont vides. Cet argent nécessaire aux besoins les plus urgents de notre cause, tu t'étais engagé à nous le faire donner.

— Certainement, illustre cap...

— Tu nous a trompés ! interrompit le *guerillero*.

— Mais je...

— Tu nous a trompés ! te dis-je.

— Respectable capitaine, je...

— Il ne s'agissait pas de te voler. Nous t'eussions donné reconnaissance de cet argent qui t'aurait été rendu...

— Je ne doute pas que...

— Il ne s'agissait pas de te faire payer une rançon, cela n'est pas dans nos usages, tu le sais, nous tuons nos prisonniers, mais nous ne les vendons pas. D'ailleurs que pourrais-tu valoir?

— Rien, rien, illustre senor! se hâta de dire Alonso dont les dents claquaient violemment en s'entre-choquant les unes contre les autres.

— Il s'agissait, continua Cuevillas d'une voix brève, de rendre service à la cause de S. M. Charles V, et, à ce titre seul, tu méritais qu'on te laissât la vie; mais tu as voulu te jouer de nous...

— Senor...

— Voudrais tu nier, quand cet homme, envoyé par moi à Madrid avec les lettres que tu lui avais données, ne rapporte pas un maravédis.

— Quoi! s'écria Alonso dont la figure exprima la plus douloureuse stupéfaction; quoi! mes amis n'ont point accédé à mes demandes?

— Non, dit Eusebio en s'avançant, Tous ont refusé sous un prétexte différent. »

Le pauvre Alonso leva les bras au ciel avec tous les signes d'une détresse évidente.

« Donc, continua Cuevillas, tu vas mourir!

— Mourir ! » répéta le malheureux dont le visage devint verdâtre de livide qu'il était déjà.

Cuevillas ne répondit pas. Il fit un geste et les *guerilleros* entraînèrent Alonso qu'ils étendirent sur le sol, auprès du foyer à demi éteint.

On allait procéder au sacrifice de la victime.

Nous avons dit quelle était l'habitude de Zumala-Carregui et de ses officiers pour envoyer dans l'autre monde les prisonniers qu'ils faisaient dans celui-ci ; mais si le mode de supplice employé dans l'armée régulière offrait déjà un caractère de cruauté féroce, que dire de la façon dont les partisans carlistes torturaient les christinos tombés entre leurs mains.

Nous savons bien que si ceux-ci ne leur donnaient pas l'exemple, ils se livraient à d'infâmes représailles, et que jamais peut-être, dans aucune guerre civile, la rage de tuer en faisant souffrir ne fut portée aussi loin ; mais rien ne saurait excuser la sauvage barbarie dont les guerilleros donnèrent tant de preuves sanglantes, pas même les actes inouïs accomplis avec le farouche sang-froid dont les soldats de Mina eurent le triste privilége.

Alonso, demi mort de peur, était donc étendu sur le rocher, sans voix et sans mouvement.

Les partisans rassemblés autour de

lui, discutaient le mode de supplice qu'ils devaient lui infliger.

Cuevillás, indifférent à ce qui allait se passer sous ses yeux, fumait avec calme, assis sur une grosse pierre à l'entrée de la grotte.

Inès, prévoyant une scène de torture, était tombée à genoux et priait avec ferveur, tandis que le colonel, jetant autour de lui un rapide regard, se demandait s'il ne pourrait profiter de l'attention détournée de ses ennemis pour tenter une délivrance que la situation physique du campement semblait cependant rendre impraticable.

Quant à Rodolfo, il contemplait stoïquement bourreaux et victime avec ce regard placide du philosophe que rien ne saurait étonner.

Tout à coup les *guerilleros* éclatèrent en applaudissements frénétiques : l'un d'eux venait de faire une proposition qui avait été acceptée à l'unanimité.

Pour comprendre l'à-propos de l'avis

émis qui venait de rassembler tous les suffrages, il faut savoir que la *guerilla* de Cuevillas possédait quelques jours auparavant, un mulet sur le dos duquel on chargeait les divers ustensiles nécessaires au campement. Or, ce mulet était mort la veille, un peu de froid et beaucoup de faim, et l'orateur venait de proposer de donner la survivance de l'estimable quadrupède au malheureux Alonso.

Il s'agissait donc de revêtir celui-ci

du bât, du mors, de la bride, du harnachement entier en un mot; et, pour que la chose fût complète on devait au préalable prendre les fers de l'animal défunt qu'avait recueillis l'un des *guerilleros*, et les fixer aux pieds et aux mains de la victime.

C'était ce dernier membre de la proposition qui avait surtout porté à l'enthousiasme l'approbation de l'assemblée.

La mesure adoptée, il s'agissait de

l'appliquer séance tenante, et en perdant le moins de temps possible.

(Que le lecteur n'accuse pas ici notre imagination. Ce genre de supplice fut souvent employé durant cette guerre affreuse, et plus spécialement à l'égard des prêtres accusés, suivant le parti qui les arrêtait, d'être pour Charles V ou pour Isabelle.)

Heureusement pour Alonso que l'évanouissement auquel il était en proie l'avait empêché de comprendre ni même d'entendre la discussion dont il était l'objet.

Le *guerillero* possesseur des fers de mulet alla les chercher et les apporta à ses camarades, puis l'opération commença immédiatement.

Alonso fut couché sur le dos; on lui délia les mains et on l'étendit les membres en croix, dans la situation où les peintres représentent saint André, de valeureuse mémoire.

Par surcroît de précaution, on fit rougir au feu les quatre fers.

Alonso, revenu à lui, poussait des cris déchirants. Inès, pâle d'effroi, se détournait pour ne pas voir ; Rodolfo regardait toujours, et le colonel se rapprochait de plus en plus du point du plateau surplombant le torrent.

Tout à coup un hurlement épouvantable, déchirant, qui semblait ne pas sortir d'une poitrine humaine, partit du milieu du groupe formé par les *guerille-*

ros : on venait d'appliquer les fers rougis aux mains et aux pieds de la victime et on les y fixait à l'aide de clous également chauffés à blanc.

La douleur devait être horrible.

Les muscles du pauvre Alonso, tendus à outrance, se raidissaient dans des convulsions effrayantes. Sa face empourprée était couverte d'une sueur froide, et ses yeux paraissaient près de jaillir de l'orbite.

Les *guerilleros*, sans pitié, continuaient leur œuvre cruelle : seulement comme les cris d'Alonso les gênaient et les impatientaient, l'un des bourreaux lui fit un baillon à l'aide de son manteau.

La victime se tut : le baillon l'étouffait.

Bientôt sa figure de pourpre devint violacée, ses regards s'éteignirent après avoir lancé un jet de flamme suprême, et les tressaillements convulsifs qui, par moments, ébranlaient son corps, indiquaient seuls qu'il ressentait encore la souffrance.

Rodolfo n'avait point sourcillé, Inès s'était évanouie, Cuevillas fumait toujours et don Horacio sondait de l'œil la profondeur de l'abîme qui le séparait des eaux du torrent, puis son regard se reportait sur sa jeune femme.

En ce moment le son d'une corne retentit de nouveau dans la Sierra, mais du côté opposé à celui par lequel Eusebio avait signalé son approche.

Sans quitter leur victime, les *guerilleros* saisirent leurs fusils qui gisaient à terre et attendirent, tandis que les sentinelles, redoublant de vigilance, plongeaient leurs regards dans les interstices des rochers.

Cuevillas avait bondi sur ses jambes, et, l'oreille tendue, écoutait en imposant de la main un silence absolu à ses hommes.

Un second appel retentit, puis un troisième, puis un quatrième ; ces deux derniers tellement rapprochés l'un de l'autre, qu'ils se confondaient presque.

Enfin un cavalier, arrivant à fond de train par la route qu'avait suivie huit jours auparavant la diligence portant le colonel et sa femme, apparut à l'entrée du petit sentier dont l'extrémité supérieure aboutissait à la grotte.

Arrêtant brusquement sa monture, le cavalier s'élança à terre, abandonna son cheval sans en prendre souci et s'élança sans hésitation sur l'étroit chemin qu'avait souillé le sang du *zagal*.

La sentinelle placée de ce côté arma sa carabine et le mit en joue.

« Qui vive? » demanda-t-elle,

— Ami! répondit le nouveau venu en montant toujours.

— Qui vive? » répéta le guerillero que cette réponse ne parut pas satisfaire.

L'inconnu ne répondit pas. Cuevillas se pencha en avant pour s'efforcer de le reconnaître, mais un large sombrero qui lui couvrait la tête empêchait que l'on pût distinguer ses traits.

« Feu ! dit le chef. Cela lui apprendra à ne pas donner le mot de passe. »

Le coup partit.

Par un hasard providentiel pour le nouvel arrivant, il se trouvait alors justement au-dessous d'une pointe de rocher qui abritait sa tête.

La balle ricocha sur le granit, dans lequel elle traça un sillon profond.

L'inconnu touchait de ses deux mains

les arêtes du plateau : il s'enleva à la force du poignet et bondit sur le lieu du campement, au moment où Cuevillas dirigeait vers lui le canon d'un pistolet qu'il venait de prendre à sa ceinture.

« *Caramba!* fit-il, sans même essayer de détourner l'arme, on fait bonne garde ici !

— Don Ignacio! s'écria Cuevillas.

— Lui-même, mon cher, répondit l'arrivant.

« — Pourquoi ne pas avoir répondu par le mot de passe, dit le guerillero.

— Par un motif bien simple, mais qui est suffisant : je ne le connaissais pas! »

En achevant ces mots, Ignacio tressaillit : son œil fauve venait de rencontrer le groupe des prisonniers.

« Ah! fit-il en remarquant l'uniforme de don Horacio, vous avez des christinos ici?

— Oui ! répondit Cuevillas. Trois hommes et une femme.

— Tant mieux ! dit Ignacio dont le regard s'anima subitement d'une ardeur étrange. Tant mieux, répéta-t-il, tu as bien fait de les garder vivants jusqu'à mon arrivée.

— Pourquoi ? demanda le *guerillero* avec étonnement.

— Parce que, fit le jeune chef carliste avec une expression de physionomie impossible à rendre, parce que je les tuerai de ma main! Tiens! continua-t-il en retroussant la manche de sa veste et en montrant une large tache qui lui maculait le poignet. Tu vois ce sang, c'est celui des miens, celui de ma mère, et celui de mes sœurs répandu par les christinos, et j'ai juré de ne laver mon bras que dans le sang de nos ennemis. »

FIN DU QUATRIÈME VOLUME.

Argenteuil. — Imprimerie de Worms et Cie.

En vente

LES MÉMOIRES D'UN HOMME DU MONDE
par le vicomte PONSON DU TERRAIL, auteur des DRAMES DE PARIS, les EXPLOITS DE ROCAMBOLE, etc.

LE MÉNAGE LAMBERT
par A. de GONDRECOURT, auteur de : l'AMOUR AU BIVOUAC, le BONHOMME NOCK, le PRIX DU SANG, la VIEILLE FILLE, etc.

L'HOMME ROUGE
par ERNEST CAPENDU, auteur de MARCOF LE MALOUIN, etc., etc.

LES SABOTIERS DE LA FORÊT NOIRE
par EMMANUEL GONZALÈS, auteur de : les TROIS FIANCÉES, la MIGNONNE DU ROI, la PRINCESSE RUSSE, le CHASSEUR D'HOMMES, etc.

L'HOMME DES BOIS
par ÉLIE BERTHET, auteur de : le DOUANIER DE MER, les ÉMIGRANTS la BÊTE DU GÉVAUDAN, les CATACOMBES DE PARIS, le GARDE CHASSE.

LA SORCIÈRE DU ROI
par Mme la Comtesse DASH, aut. de : la BELLE AUX YEUX D'OR, les CHEVEUX DE LA REINE, la MAISON MYSTÉRIEUSE, la FÉE DU JARDIN, etc.

LES PRINCES DE MAQUENOISE
par H. DE SAINT-GEORGES, auteur de : l'ESPION DU GRAND MONDE, un MARIAGE DE PRINCE, etc., etc.

Paris. — Imprimerie de P.-A. BOURDIER et Cⁱᵉ, rue Mazarine, 30.

www.ingramcontent.com/pod-product-compliance
Lightning Source LLC
Chambersburg PA
CBHW060652170426
43199CB00012B/1760